ChatGPT
en entreprise

Illustration de couverture : iStock, © zirconicusso

ISBN : 978-2-35456-726-2

www.diateino.com
contact@diateino.com
fr.linkedin.com/company/diateino
@diateino
editions_diateino

Matthieu Corthésy
@outil.ia

ChatGPT en entreprise

Le guide complet
pour maximiser votre productivité

Deuxième édition

diateino

Sommaire

« N'allez pas là où le chemin vous mène.
Allez là où il n'y a pas encore de chemin
et laissez une nouvelle trace. »
– Ralph Waldo Emerson

Avant-propos

ChatGPT a changé ma carrière. Il a bouleversé ma vie.

Il y a des moments qui ouvrent des portes jamais imaginées. Pour moi, ce moment a eu lieu en janvier 2023.

Quand j'ai publié mon premier tutoriel TikTok expliquant comment utiliser ChatGPT, je n'aurais jamais pu imaginer l'onde de choc qui suivrait : 500 000 vues en moins de 24 heures.

Rétrospectivement, j'étais sur le bon réseau au bon moment, mais j'ai été soufflé par cette vague inattendue. En quelques mois, mon compteur d'abonnés a pris des proportions dont je n'aurais jamais osé rêver : de zéro, je suis passé à 25 000 abonnés sur LinkedIn, puis à 90 000 sur Instagram et près de 75 000 sur TikTok.

Parmi mes rêves enfouis, j'avais celui d'écrire un livre. C'est peut-être la plus belle opportunité qui m'a été offerte, celle de pouvoir partager avec vous mes connaissances, dans cet ouvrage.

Je vais être honnête, sans ChatGPT, je n'aurais jamais pu accomplir autant en si peu de temps. Il m'a offert la possibilité d'être plus productif, de concentrer mes efforts là où ils comptaient vraiment : l'éducation, le partage, la création de contenu.

Ce livre, c'est un peu le reflet de mon parcours fou. À travers ces pages, je veux vous transmettre non seulement ma passion pour l'IA et ChatGPT, mais aussi vous dévoiler comment cette technologie peut littéralement transformer nos vies, professionnellement et personnellement.

S'il y a bien une technologie qui a évolué à vitesse grand V ces derniers mois, c'est sans conteste l'intelligence artificielle ! Comment un livre peut-il dès lors rester pertinent quand son sujet évolue à ce point ? C'est tout le défi que j'ai dû relever lors de l'écriture de cet ouvrage.

C'est le moment de vous parler de ma vie « avant » ChatGPT. J'ai l'impression de vous parler d'une époque très lointaine, alors qu'elle ne date que de quelques mois. Mon parcours professionnel s'est orienté il y a de cela quinze ans vers le marketing digital et la communication sur les réseaux sociaux. Lorsque j'ai entendu parler de Facebook lors de mes études en marketing, en 2007, j'ai eu un déclic : cet outil venu de Californie allait bouleverser la manière que les entreprises avaient de communiquer. Pour tout vous dire, le métier de community manager n'existait même pas !

J'en étais persuadé, il fallait que je me forme sur cette nouvelle technologie.

Ma carrière a ainsi suivi les évolutions des besoins en spécialistes des réseaux sociaux. J'ai commencé comme consultant junior en marketing digital jusqu'à obtenir le poste de social media manager à la Radio télévision suisse (RTS) en 2013. Dès lors, ma carrière a continué dans le domaine des médias en tant que spécialiste réseaux sociaux au journal *Le Matin*. En 2019, j'ai été nommé responsable de la communication numérique à la Haute école pédagogique du canton de Vaud.

En parallèle, j'ai donné des formations sur la communication numérique et les réseaux sociaux dans plusieurs instituts reconnus en Suisse. J'ai toujours adoré transmettre, mais je n'imaginais pas pouvoir en faire mon métier à plein temps.

L'un des livres fondateurs de ma compréhension des réseaux sociaux a été celui de Guy Kawasaki, *L'Art des médias sociaux*[1]. Bien qu'il soit sorti il y a près de dix ans, je l'ouvre encore ponctuellement lorsque j'ai besoin de réfléchir sur une stratégie ou un aspect particulier des réseaux sociaux. Il a été ainsi mon compagnon de route tout au long de ma carrière qui m'a mené notamment dans plusieurs médias helvétiques en tant que responsable réseaux sociaux. Comment a-t-il réussi cette prouesse ? En se concentrant sur l'essence de sa thématique tout en proposant des conseils actionnables directement.

1. Guy Kawazaki et Peg Fitzpatrick, *L'Art des médias sociaux : Stratégies gagnantes pour un usage professionnel*, Diateino, 2015.

Lors de la rédaction de ce livre, mon fil conducteur a été de me poser continuellement cette simple question : « Ce contenu sera-t-il encore utile dans deux ans ? » Si j'avais un doute sur la réponse, je biffais l'idée et je passais à une autre. Un contenu durable ne signifie pas pour autant qu'il soit purement théorique ! C'est paradoxalement le contraire.

Je vous rassure tout de suite, je vais partager une tonne d'exemples pratiques malgré tout. Certains seront sûrement obsolètes avec le temps, mais j'accorde bien plus d'importance au raisonnement qui a conduit à la réponse plutôt qu'au résultat en tant que tel.

Mon allégorie favorite à propos de l'utilisation de ChatGPT est l'arrivée de la calculatrice et son impact sur l'enseignement des mathématiques. La révolution a été telle que des enseignants de mathématiques se sont mis en grève pour protester contre l'utilisation de cet outil. Si une machine pouvait calculer correctement à tous les coups, comment les élèves allaient-ils pouvoir apprendre désormais ? L'expérience nous a prouvé que cela a simplement permis d'aller plus vite pour la résolution de problèmes mathématiques, mais nous continuons à apprendre nos tables de multiplication (pour le grand malheur de certains).

Le parallèle est encore renforcé par Sam Altman lui-même, lorsqu'il affirme que « ChatGPT est en quelque sorte une calculatrice pour les mots ». Et c'est bien ce que nous avons entre les mains : une formidable machine pour nous aider dans nos tâches quotidiennes, ainsi qu'un allié pour fluidifier nos processus en entreprise. C'est déjà un bond énorme, et je pense que c'est bien suffisant pour le moment.

J'ai eu la chance de pouvoir tester tous les éléments dont je parle dans ce livre en entreprise, que ce soit personnellement, en formation, ou en consulting pour répondre à des besoins spécifiques rencontrés par des organisations. J'ai été frappé de constater que les enjeux et besoins sont similaires à beaucoup d'entreprises autour de l'IA.

Des entreprises de grandes tailles telles que Nestlé ont intégré leur propre chatbot, intitulé NesGPT, afin de permettre à leurs employés de gagner en efficacité et de trouver plus facilement des informations en interne. Cela ne signifie pas pour autant que l'adoption est réservée uniquement aux grandes entreprises, bien au contraire !

Un des meilleurs exemples est celui de General Media, une PME comme un éditeur de référence dans les domaines des loisirs et de la gastronomie en Suisse. Son fondateur a insufflé un élan d'adoption fort parmi les équipes qui ont pu gagner près de 30 % de productivité grâce à l'intégration de ChatGPT dans leurs processus. General Media a également pu proposer des chatbots sur mesure à des offices de tourisme helvétique grâce à leurs connaissances acquises. J'ai eu le plaisir de les accompagner lors de plusieurs étapes de leur adoption.

Mon objectif est de vous proposer des stratégies concrètes pour que vous puissiez implémenter harmonieusement ChatGPT dans votre entreprise et votre pratique professionnelle.

Ce livre est structuré en sept grandes parties pour vous accompagner au mieux dans votre compréhension de ChatGPT et son intégration dans votre pratique professionnelle. Un **glossaire** des termes techniques est proposé à la fin de l'ouvrage, page 253.

Dans la **première partie**, nous verrons ensemble l'impact qu'a eu l'IA en général et ChatGPT en particulier sur les entreprises en 2023. Nous verrons comment les institutions pionnières ont implémenté l'IA et les statistiques les plus récentes sur le sujet, notamment en France.

Les fondamentaux de ChatGPT, à savoir son mode de fonctionnement, les différents modèles utilisés et ses limites, seront abordés dans la **deuxième partie.** Je vous présenterai également les meilleurs plugins de ChatGPT ainsi que ses alternatives les plus crédibles.

Nous ouvrirons enfin « le capot » de ChatGPT dans la **troisième partie** en regardant comment dialoguer avec la machine. Cette nouvelle discipline s'appelle le *prompt engineering* ou l'art de poser les bonnes questions à l'IA afin d'obtenir les réponses les plus pertinentes possible. Nous verrons les bases d'un prompt, ainsi que les techniques plus avancées dans le domaine.

Si vous ne savez pas quelles tâches déléguer à ChatGPT, rendez-vous à la **quatrième partie**, où nous verrons comment sélectionner les actions, ainsi que les forces de ChatGPT qui vous seront utiles en milieu professionnel.

L'automatisation de certaines tâches chronophages est une des grandes promesses de l'IA. Dans la **cinquième partie**, je vous présente des scénarios d'automatisation spécifiques et des pistes pour réaliser un chatbot d'entreprise.

La **sixième partie** traite de l'intégration de ChatGPT en entreprise en tant que tel. La volonté d'implémenter l'IA est une chose louable, mais il y a plusieurs éléments à prendre en compte pour ne pas échouer, et nous les verrons en détail ensemble.

Enfin, dans une **septième et dernière partie**, vous trouverez ma liste de 200 prompts inédits par catégorie de métier. Un glossaire, un index et une table des matières vous aideront dans votre recherche.

J'espère que vous éprouverez autant de plaisir à lire ces pages que j'en ai eu à les écrire. Dans ce tourbillon qui a été le mien depuis le début de l'année, cela m'a fait du bien de poser mes découvertes et conseils sur papier.

Plus qu'une révolution technique, l'IA nous force à nous poser les bonnes questions : « Quelle valeur je peux réellement apporter en étant libéré de mes tâches ennuyeuses ? »

Je vous invite à y réfléchir et à découvrir comment ChatGPT peut vous aider dans cette quête.

« L'être humain croira toujours que plus le robot paraît humain, plus il est avancé, complexe et intelligent. » – Isaac Asimov

PARTIE 1

POURQUOI UTILISER L'IA EN ENTREPRISE ?

Si vous avez ce livre entre les mains, il y a de fortes chances que vous soyez déjà convaincu par l'intérêt de l'intelligence artificielle en entreprise. Néanmoins, les implications de l'IA sont si larges et à tellement de niveaux de l'entreprise qu'il me paraît important de développer les fondamentaux de cette technologie.

Pourquoi cette insistance sur ChatGPT ? Pourquoi focaliser tant d'attention sur un outil spécifique de l'IA ? C'est parce qu'il incarne cette capacité unique de combiner la puissance brute du calcul à une interface humaine presque organique. Quand on me pose la question, j'aime citer Jensen Huang, le fondateur de Nvidia, qui parle de ChatGPT comme du « moment iPhone » de l'intelligence artificielle[1]. C'est bien de cela qu'il s'agit. D'un moment catalyseur d'une industrie qui existait bien avant l'arrivée de cet outil.

---

1. Tiernan Ray, « For AI's "iPhone Moment", Nvidia Unveils a Large Language Model Chip », ZDNet, 21 mars 2023, URL : zdnet.com/article/for-ais-iphone-moment-in-chatgpt-nvidia-unveils-a-large-language-model-chip/

Comme toute innovation, ChatGPT change plusieurs règles tacites en entreprise. Nous allons voir lesquelles, et notamment comment les organisations pionnières ont implémenté l'IA. J'ai eu la chance de collaborer avec plusieurs institutions convaincues de l'intérêt d'intégrer ChatGPT dans leurs pratiques professionnelles. Cela me permet de vous communiquer des exemples concrets tout au long de cette partie, sans oublier les questions d'éthique et de protection des données, enjeux majeurs de l'intégration de l'IA en milieu professionnel.

Quel est l'impact de l'IA ?

Évoluer ou stagner

Un matin de printemps 2023, Dan Rosensweig, le directeur de Chegg, l'un des leaders de l'aide aux devoirs aux États-Unis, n'en revenait toujours pas. Comment ChatGPT, sorti quelques mois plus tôt, pouvait avoir un tel impact sur les résultats de son entreprise ? C'était inimaginable.

Les faits sont pourtant bien là : ce chatbot propulsé par l'IA fait mieux que sa société, à tout point de vue. Les étudiants l'ont bien compris. Plus grave encore, les marchés financiers l'ont également senti, entraînant le plongeon de plus de 50 % de la valeur boursière de son entreprise[2].

---

2. Prarthana Prakash, « Chegg's Shares Tumbled Nearly 50 % after the Edtech Company Said Its Customers Are Using ChatGPT Instead of Paying for Its Study Tools », *Fortune*, 2 mai 2023, URL : fortune.com/2023/05/02/chegg-shares-tumble-students-fleeing-chatgpt-a-i/

L'ironie de l'histoire est qu'un de ses employés avait alerté Dan Rosensweig du danger que représentait l'IA en annonçant que l'IA générative serait « le bus qui écraserait Chegg » si l'entreprise ne s'y préparait pas[3]. Il semblerait que le bus soit arrivé.

Au même moment, un autre géant américain de l'éducation, Khan Academy, prenait un chemin différent. En intégrant une version adaptée de GPT dans un chatbot maison[4] intitulé « Khanmigo », ils avaient repensé leur manière d'enseigner. Leurs éducateurs pouvaient désormais se concentrer sur le développement des compétences des étudiants, tandis que l'IA s'occupait des questions plus directes et factuelles.

Ces deux exemples soulignent une réalité incontournable : l'ère de l'IA en entreprise est bel et bien là. Non pas comme un usurpateur, mais comme un collaborateur.

Pour vous donner un ordre d'idée de l'impact de l'intelligence artificielle au travail, une étude de la Harvard Business School Technology[5] a démontré que les employés

3. Paresh Dave, « Chegg Embraced AI. ChatGPT Ate Its Lunch Anyway », *Wired*, 5 juin 2023, URL : wired.com/story/chegg-embraced-ai-chatgpt-ate-its-lunch-anyway/

4. Natasha Singer, « New A.I. Chatbot Tutors Could Upend Student Learning », *The New York Times*, 8 juin 2023, URL : nytimes.com/2023/06/08/business/khan-ai-gpt-tutoring-bot.html

5. Fabrizio Dell'Acqua, Edward McFowland, Ethan R. Mollick et al., «Navigating the Jagged Technological Frontier: Field Experimental Evidence of the Effects of AI on Knowledge Worker Productivity and Quality», Harvard Business School Technology & Operations Mgt. Unit Working, No. 24-013, 15 septembre 2023, URL : https://ssrn.com/abstract=4573321

ayant recours à l'IA accomplissent les tâches plus de 25 % plus rapidement et avec une qualité supérieure de 40 %.

L'intelligence artificielle nous offre une chance d'optimiser, d'innover et de redéfinir ce que nous considérons comme essentiel.

Un assistant plutôt qu'un remplaçant

Si vous pensez que l'IA peut prendre votre emploi, je ne vais pas vous jeter la pierre, car ça a été exactement ma réaction quand j'ai effectué ma toute première requête à ChatGPT. Je lui avais demandé de m'élaborer une stratégie de communication sur les réseaux sociaux, et j'avais été bluffé par les résultats obtenus.

Rétrospectivement, la réponse était loin d'être incroyable, et je me sens un peu bête d'avoir paniqué à l'époque. La surprise de voir un outil écrire une stratégie qui tenait la route m'avait toutefois troublé.

Après des centaines d'heures d'usage, et parfois de frustration, je peux vous rassurer. Nous sommes loin de voir les vagues de licenciements prédites avec l'arrivée de l'IA. La raison est simple. Il faut voir ChatGPT comme un « super assistant » plutôt que comme un remplaçant. Au même titre qu'un stagiaire à qui vous devez expliquer en détail les étapes à respecter pour effectuer une tâche que vous lui déléguez, ChatGPT requiert la même attention.

L'un des exemples les plus parlants sur un métier supposément voué à disparaître est celui de radiologue. Geoff Hinton, l'un des pionniers dans le domaine de l'intelligence artificielle, avait prédit en 2016 la fin prochaine de la profession[6]. Un peu moins d'une décennie plus tard, non seulement les radiologues existent toujours… mais leur nombre est en croissance !

Les radiologues possèdent une connaissance du métier approfondie qui va bien au-delà de la simple exécution de tâches. Une grande part de leur travail est axée sur la communication, que ce soit avec le patient ou sa famille, ainsi qu'avec leurs collègues. Expliquer une radiographie, discuter d'un diagnostic ou rassurer un patient inquiet sont des compétences intrinsèquement humaines que l'IA, malgré tous ses progrès, ne peut pas imiter.

L'exemple des radiologues reflète une vérité plus large sur la place de l'IA dans le monde professionnel. Oui, elle peut automatiser, assister et améliorer, mais elle ne peut pas remplacer. Elle ne peut pas saisir la complexité, la nuance et l'humanité qui sont au cœur de nombreux métiers.

Loin de moi l'idée de me voiler la face. Une étude réalisée en février 2023[7] a indiqué que 48 % des employeurs

6. Gary Smith et Jeffrey Funk, « AI Has a Long Way to Go before Doctors Can Trust It with Your Life », *Quartz*, 4 juin 2021, URL : qz.com/2016153/ai-promised-to-revolutionize-radiology-but-so-far-its-failing
7. « 1 in 4 companies have already replaced workers with ChatGPT », Resume Builder, 27 février 2023, URL : https://www.resumebuilder.com/1-in-4-companies-have-already-replaced-workers-with-chatgpt/

américains sondés utilisant ChatGPT ont licencié du personnel. C'est une réalité d'autant plus violente que le système du travail aux États-Unis offre un faible filet social.

Dans un avenir proche, il est certain que l'IA transformera nos façons de travailler. Elle peut éliminer certaines tâches répétitives et augmenter notre efficacité. Mais l'idée qu'elle puisse remplacer totalement l'expertise humaine dans la prochaine décennie semble peu probable.

Sommes-nous prêts à collaborer avec l'IA ?

L'histoire devient intéressante grâce à une étude menée au CHU de Lille[8]. Dans cette expérience, des radiologues confirmés avaient une IA à disposition pour les assister dans leur diagnostic. L'outil d'intelligence artificielle obtenait un taux de précision de 90 %, ce qui signifie que le résultat était correct 9 fois sur 10.

La surprise a été de constater que l'utilisation de l'IA diminuait la performance des diagnostics des spécialistes ! Dans ce cas précis, l'IA avait perturbé les radiologues, car ils n'avaient pas totalement confiance dans les résultats présentés. À leur décharge, l'IA n'était pas fiable à 100 %, ce qui pouvait générer un doute sur le diagnostic présenté.

Nous devons apprendre à accepter les conseils de l'IA pour améliorer notre performance, mais cela ne signifie pas

8. « L'intelligence artificielle en radiologie : quels bénéfices ? », Inria, 22 octobre 2021, URL : inria.fr/fr/intelligence-artificielle-radiologie-benefices

que nous devons les suivre aveuglément. Comme toute collaboration, il faut prendre le positif et savoir rester critique quand il le faut.

Mon expérience d'utilisation de l'IA

Je vous le disais en préambule, ChatGPT a profondément changé ma manière de travailler. Au risque de vous décevoir, je ne lui ai de loin pas tout délégué ! Je suis persuadé qu'à un moment ou à un autre, vous vous êtes demandé si j'avais écrit ce livre avec l'assistance de ChatGPT. C'est une question bien légitime quand on constate comment Amazon a été inondé de livres écrits à la va-vite par ChatGPT[9]. C'est d'ailleurs une des requêtes qui m'est ponctuellement demandée en tant que mandat, à savoir écrire un livre grâce à l'IA.

Pour vous répondre honnêtement, ChatGPT m'a aidé dans la mise en place du sommaire du livre. La subtilité était que j'avais le plan bien en tête, et je lui ai demandé de me proposer des pistes alternatives auxquelles je n'avais pas pensé. La génération d'idées est un de ses points forts.

J'ai également enregistré mon style d'écriture (je vous indiquerai le prompt pour y arriver dans le chapitre « *Prompt engineering* ») et donné plusieurs exemples concrets pour qu'il puisse me faire parfois une première ébauche de texte et faire du lien entre les concepts.

---

9. Florian Bayard, « Les livres écrits par ChatGPT déferlent sur Amazon », 01net.com, 22 février 2023, URL : 01net.com/actualites/livres-ecrits-chatgpt-deferlent-amazon.html

Malgré tout cela, j'ai passé un nombre incalculable d'heures (souvent tardives) dans la rédaction du livre. Rien ne peut remplacer la « patte humaine » surtout dans le domaine de l'écrit et encore plus dans la réalisation d'un ouvrage. L'aide de ChatGPT a été la bienvenue et m'a fait clairement gagner du temps, mais il faut savoir où aller pour exploiter pleinement son potentiel.

J'utilise ChatGPT quotidiennement pour tester mes idées, améliorer la qualité de mes contenus, préparer mes formations, analyser mes e-mails, me préparer des réponses et dans bien d'autres domaines.

Après plusieurs centaines d'heures d'usage, je ne peux que constater les limites actuelles du modèle. Je reste toujours émerveillé devant les résultats obtenus, mais nous sommes très loin de la machine ultime. Les humains ont encore de beaux jours devant eux !

Comment les professionnels utilisent ChatGPT ?

Une rapidité d'exécution augmentée de 40 %, pour des résultats 18 % meilleurs. C'est le résultat d'une étude réalisée par le MIT[10] sur l'impact concret de l'utilisation de ChatGPT

10. Shakked Noy and Whitney Zhang, « Experimental evidence on the productivity effects of generative artificial intelligence », *Science*, vol. 381, n° 6654, 13 juillet 2023, URL : https://www.science.org/doi/10.1126/science.adh2586

dans les métiers tels que le marketing, les RH, le management, etc. Même s'il faut évidemment prendre ces chiffres avec des pincettes, cela démontre le potentiel réel de l'utilisation de l'IA en entreprise.

Premier constat : l'adoption rapide de cette technologie. Un tiers des professionnels en entreprise, selon l'enquête de McKinsey[11] d'août 2023, ont déjà intégré l'IA générative dans leur routine professionnelle. Dans la même étude, on découvre que les dirigeants et les conseils d'administration sont de plus en plus conscients des implications majeures de l'IA pour leurs entreprises. Cependant, il semble y avoir un décalage entre cette prise de conscience et la capacité à intégrer efficacement ces outils dans leur quotidien.

J'aimerais mettre en perspective ces résultats avec un sondage mené par Ifop-Talan[12] en mai 2023, qui nous apprenait que 68 % des Français qui utilisent les IA génératives en entreprise le cachent à leur supérieur hiérarchique. Je peux tout à fait comprendre ces craintes. Nous avons tous au fond de nous un syndrome de l'imposteur et le fait de déléguer certaines tâches à l'IA peut nous mettre mal à l'aise vis-à-vis de nos collègues et responsables.

11. « The state of AI in 2023 : Generative AI's breakout year », McKinsey, 1er août 2023, URL : mckinsey.com/capabilities/quantumblack/our-insights/the-state-of-ai-in-2023-generative-ais-breakout-year

12. « Sondage Ifop-Talan : les Français et les IA génératives », 11 mai 2023, URL : talan.com/actualites/detail-actualites/news/sondage-ifop-talan-les-francais-et-les-ia-generatives

L'environnement managérial fait également la différence pour discuter ouvertement de l'utilisation de ChatGPT au travail. Dans le cadre des formations que j'ai données en entreprise, j'ai pu constater qu'un responsable ou une responsable ouverte sur la question permettait à ses équipes de consacrer du temps pour s'améliorer dans l'utilisation de l'IA et de partager leurs découvertes avec leurs collègues. C'est clairement dans ce type de cadre de travail que les gains en productivité sont les plus marquants.

Quelles stratégies d'utilisation de l'IA ?

Parmi les tâches les plus fréquemment déléguées à ChatGPT en milieu professionnel[13], on constate que 66 % des entreprises l'utilisent pour générer du code informatique et 58 % lui confient des tâches de rédaction de contenus. Pour 57 % des organisations, l'IA leur permet d'automatiser des tâches liées directement au service client. Ces résultats ne sont pas surprenants, car ce type de tâche fait partie de celles où ChatGPT excelle.

Si l'on s'intéresse aux actions concrètes les plus demandées par les utilisateurs de ChatGPT, une étude menée par Semrush[14] sur plus de 5 000 conversations a permis de montrer que les trois actions les plus demandées dans les

13. « 1 in 4 companies have already replaced workers with ChatGPT », op. cit.

14. Fabien Rothey, « Exploration en profondeur : Stratégies d'utilisation et enseignements tirés de véritables conversations ChatGPT », *Semrush Blog*, 31 juillet 2023, URL : fr.semrush.com/blog/chatgpt-strategies-utilisation

conversations étaient de coder, créer des tableaux et fournir des exemples. La rédaction d'articles ou d'e-mails arrive après ce trio de tête.

On perçoit indirectement que les métiers les plus friands de ChatGPT sont ceux en lien avec la programmation, la communication via la rédaction d'articles, et que nous sommes tous embêtés par la montagne d'e-mails non traités dans nos messageries professionnelles !

Avant de nous plonger dans la pratique, il est important de comprendre comment ChatGPT fonctionne, ce qui le différencie des autres IA et comment la version payante et ses plugins peuvent révolutionner votre travail.

PARTIE 2

LES FONDAMENTAUX DE CHATGPT

En 1950, Alan Turing posait une question qui allait bouleverser le monde de la technologie : une machine peut-elle penser comme un humain ? C'était le point de départ de l'intelligence artificielle.

Près de soixante-cinq ans plus tard, un groupe de six personnes a décidé de fonder OpenAI, une entreprise « à but lucratif plafonné » spécialisée dans le raisonnement artificiel. Il y a de fortes chances que vous ayez entendu parler d'au moins deux d'entre eux : Sam Altman, l'actuel PDG d'OpenAI, et Elon Musk, cofondateur de Tesla et SpaceX. Si Elon Musk s'est retiré du projet en 2018, les autres membres fondateurs ont posé, la même année, les bases d'un document appelé « Improving Language Understanding by Generative Pre-Training », qui signifie en français « Améliorer la compréhension du langage par le pré-entraînement génératif ».

L'Histoire se rappellera que c'est la première fois qu'est mentionné le fameux « GPT » que nous connaissons aujourd'hui. Pour faire simple, il s'agit d'un modèle d'intelligence artificielle avancé qui peut générer du texte en se basant sur une quantité gigantesque de données préalablement entraînées. Pour ce faire, il utilise la méthode des grands modèles de langage, aussi appelés « LLM » pour « *Large Langage Model* ». Ce modèle utilise des techniques d'apprentissage profond pour comprendre et reproduire la structure et le style du langage humain.

Un point important est de savoir que ce modèle, sans trop entrer dans les détails, est entraîné sur d'immenses volumes de données créées par des humains. En clair, dans les premières étapes d'entraînement, ce sont des humains qui analysent et indiquent les bonnes réponses à la machine. Cela a d'ailleurs soulevé plusieurs polémiques quant à l'exploitation de travailleurs kényans payés 2 dollars de l'heure pour filtrer les résultats et entraîner le modèle[1].

Les deux premières versions du modèle GPT n'étaient pas disponibles au public, c'est donc lors de la sortie officielle de ChatGPT le 30 novembre 2022, utilisant le modèle GPT-3.5, que le grand public a découvert ce nouvel outil.

Dès lors, tout s'est accéléré à des niveaux jamais vus pour l'intelligence artificielle. Rendez-vous compte, la plateforme a atteint les 100 millions d'inscrits en seulement deux mois. À titre de comparaison, le record était détenu par TikTok,

1. Billy Perrigo, « Exclusive : The $2 Per Hour Workers Who Made ChatGPT Safer », *Time*, 18 janvier 2023, URL : https://time.com/6247678/openai-chatgpt-kenya-workers

qui avait dû attendre neuf mois avant de passer ce cap. Pour la petite histoire, le record a été depuis battu par Threads, le réseau social de Meta, qui a atteint ce score en quelques jours, aidé, il est vrai, par la puissance d'Instagram et de Meta.

De manière générale, il y a un avant et un après ChatGPT dans l'histoire de l'intelligence artificielle au niveau de l'utilisation par le grand public.

Concernant la création d'un compte OpenAI pour accéder à ChatGPT, je pars du principe que vous avez déjà expérimenté au moins une fois cet outil en vous créant un compte gratuit sur chat.openai.com. Il existe plusieurs tutoriels en ligne pour accéder à l'outil, disponible sur navigateur et plus récemment en application iPhone et Android.

Le fonctionnement de ChatGPT

Nous avons tous expérimenté la frustration de voir des résultats en deçà de nos attentes. On nous vend une intelligence artificielle capable de remplacer des millions d'emplois, et elle n'est pas capable de nous sortir un texte sans faire d'erreur de sources ? Et cet idiot de chatbot n'arrive pas à faire des calculs pourtant simples ?

Tout cela s'explique par le fonctionnement intrinsèque de l'outil. La logique de création de contenu de ChatGPT n'est tout simplement pas faite pour résoudre des problèmes mathématiques. Une IA comme Wolfram Alpha va être bien plus performante pour cela, car son modèle est construit autour des mathématiques.

Pour revenir au fonctionnement intrinsèque de ChatGPT, il faut bien comprendre qu'il s'agit d'une interface conversationnelle. Nous interagissons avec l'IA en discutant directement avec elle. Cette manière de procéder implique également d'obtenir des résultats d'une façon différente du moteur de recherche Google par exemple. Nous avons la possibilité de donner plus de contexte et d'affiner nos réponses en discutant avec la machine. Nous reviendrons plus en détail sur le sujet dans la partie 3 dédiée au *prompt engineering*.

Les versions de ChatGPT

Parmi tous les termes et sigles associés à ChatGPT, la confusion classique est de mélanger ChatGPT avec ses modèles de raisonnement, à savoir GPT-3, GPT-3.5 et GPT-4. Par exemple, il est erroné de parler de « ChatGPT4 ». J'en conviens, il n'est pas toujours facile de s'y retrouver dans cette jungle des diminutifs de l'IA !

Pour rappel, le sigle GPT est utilisé pour « *generative pre-trained transformers* », le modèle d'intelligence artificielle développé par OpenAI dès 2018[2]. Comme son nom l'indique, GPT est un modèle pré-entraîné. Il a été préalablement nourri et formé avec une vaste quantité de textes, notamment d'Internet,

2. « Improving Language Understanding with Unsupervised Learning », OpenAI, 11 juin 2018, URL : openai.com/research/language-unsupervised

avant même d'être utilisé pour des tâches spécifiques. Cette formation préliminaire lui donne la capacité de comprendre la structure et la syntaxe linguistique, tout en lui fournissant des connaissances générales sur de nombreux thèmes.

GPT-3

Après des tests uniquement en interne réalisés avec la version GPT-2, OpenAI a ouvert officiellement l'accès en bêta à son modèle GPT-3 via une API (voir p. 138) en juillet 2020. Le grand public n'avait pas encore accès à une interface simple comme ChatGPT, mais les premiers échos étaient déjà élogieux[3]. Il compte 175 milliards de paramètres d'entraînement pour le modèle GPT-3, le chiffre est impressionnant pour l'époque. À titre de comparaison, GPT-2, sorti en 2019, n'utilisait que 1,5 milliard de paramètres.

GPT-3.5

Lors du lancement officiel de ChatGPT le 30 novembre 2022, l'outil tournait avec la version GPT-3.5, une version améliorée de GPT-3, avec le succès que l'on connaît ! À noter que la version gratuite actuelle de ChatGPT tourne toujours avec le modèle GPT-3.5. J'en profite pour vous informer ou vous rappeler que les données des modèles GPT s'arrêtent en septembre 2021, restreignant sa capacité à répondre à des questions sur des événements ultérieurs à cette date.

---

3. Will Douglas Heaven, « OpenAI's New Language Generator GPT-3 Is Shockingly Good—and Completely Mindless », *MIT Technology Review*, 20 juillet 2020, URL : technologyreview.com/2020/07/20/1005454/openai-machine-learning-language-generator-gpt-3-nlp

GPT-4

Le 13 mars 2023, OpenAI a dévoilé son nouveau modèle GPT-4 accessible en échange d'un abonnement payant ChatGPT Plus à 20 dollars par mois. Alors que GPT-3 ne pouvait traiter que du texte, GPT-4 est multimodal, capable d'interpréter à la fois du texte et des images grâce notamment à ses plugins, autre nouveauté apportée par la sortie de ce modèle. À noter que le nombre de données utilisées pour entraîner le modèle n'a jamais été communiqué officiellement, même si certains chiffres farfelus ont été évoqués. On sait toutefois que ce nombre est bien plus élevé que celui du modèle GPT-3, permettant ainsi un meilleur raisonnement de la part de ChatGPT.

L'annonce de la sortie de ce modèle GPT-4 a été extrêmement suivie et commentée. Les attentes étaient grandes et c'est une forme d'apogée pour ChatGPT auprès des médias et du grand public. À noter que le modèle GPT-4 est disponible dans d'autres outils, notamment Bing Chat de Microsoft.

Pour vous donner un ordre d'idée des meilleures performances de GPT-4, par rapport à GPT-3.5, une infographie du site VisualCapitalist[4] résume les scores des deux modèles à différents examens d'écoles américaines. On constate que les résultats sont bien plus constants et performants pour GPT-4 dans ce contexte.

---

4. Marcus Lu, « How Smart is ChatGPT ? », *Visual Capitalist*, 26 avril 2023, URL : https://www.visualcapitalist.com/how-smart-is-chatgpt/

GPT-5 et au-delà !

Au moment où j'écris ces lignes, la version GPT-5 n'est pas encore sortie, bien que la marque ait été officiellement déposée par OpenAI en août 2023[5]. Comme à chaque période précédant la sortie d'un nouveau modèle, on constate beaucoup d'attentes et de fantasmes autour de la potentielle annonce.

L'avantage du dépôt de la marque GPT-5 est qu'elle nous donne quelques indices sur les orientations futures du modèle. Même si la description reste générale : il y est fait mention d'un système capable de produire du texte, de convertir des fichiers de données audio en texte, de traiter, générer, de traduire du texte et de reconnaissance vocale.

La concurrence est bien réelle pour OpenAI, et les enjeux autour de la sortie de ce nouveau modèle sont immenses.

Les limites et comment y remédier

Vous l'aurez compris, autant je suis un partisan de ChatGPT (autrement, je n'aurais pas pris le temps d'écrire un livre sur le sujet), autant je suis frustré par certaines de ses limites actuelles. Une fois que vous aurez compris et intégré ces

5. Julien Lausson, « GPT-5 est inéluctable : un premier indice sur l'avenir de ChatGPT apparaît », *Numerama*, 3 août 2023, URL : numerama.com/tech/1464778-gpt-5-est-ineluctable-un-premier-indice-sur-lavenir-de-chatgpt-apparait.html

limites, vos attentes avec l'outil seront bien plus réalistes, et vous pourrez entrer directement dans le vif du sujet avec l'IA.

La première erreur est de prendre le terme « intelligence artificielle » au sens littéral. ChatGPT n'est pas intelligent, il n'a pas de réelle capacité de raisonnement, mais a été entraîné pour trouver la solution la plus probable selon ses données d'entraînement. C'est un élément crucial pour s'éviter de mauvaises surprises. Il est tentant d'avoir un dialogue amical avec ChatGPT, d'autant plus que ses réponses sont fréquemment agréables et « sonnent » humaines. En réalité, il décode simplement les mots que nous lui envoyons pour fabriquer sa réponse. Il est important d'en être conscient pour mieux préparer ses prompts et évaluer les réponses.

Les données sont limitées jusqu'en septembre 2021

Afin de garantir la stabilité des différents modèles, les données de la version gratuite de ChatGPT sont limitées à septembre 2021. Ainsi, il ne pourra pas vous aider pour les demandes d'informations après cette date. Cela est d'autant plus problématique que plus le temps avance, et plus les données sont en retard par rapport aux nouvelles informations publiées. Plusieurs concurrents, dont Google Bard et Bing Chat, proposent des agents conversationnels accédant à Internet en temps réel.

Dans sa version payante ChatGPT Plus, des plugins de développeurs tiers permettent d'accéder au web en temps réel pour collecter des informations et les traiter. Je pense notamment à WebPilot, dont je vous fais une présentation détaillée dans la partie dédiée aux plugins.

Hallucinations

Quand on parle d'hallucination d'une intelligence artificielle, on fait référence au fait qu'elle élabore des réponses fausses, basées sur des informations inexistantes. Évidemment, l'arrivée de ChatGPT a amplifié la propagation de ce terme auprès du grand public. Comment ce phénomène arrive-t-il ? Si l'on se rappelle la manière dont est entraîné le modèle GPT, on voit qu'il n'est pas construit pour dire « Je ne sais pas ». Il va évaluer la réponse la « plus plausible » selon son entraînement, pas la *vraie* réponse. Cette différence fondamentale engendre une sorte de « peur du vide » du modèle qui va toujours essayer de proposer une réponse, quitte à l'inventer.

J'aime beaucoup la phrase du professeur Ethan Mollick qui qualifiait ChatGPT de « stagiaire omniscient, désireux de plaire, qui vous ment parfois[6] ».

Il faut savoir rester pratique dans l'utilisation des réponses de ChatGPT. Dès que les résultats impliquent des faits réels, vous devez systématiquement les vérifier. Dans le même esprit, ChatGPT ne cite pas ses sources, contrairement à d'autres outils similaires comme Bing Chat. Par exemple, si vous demandez à ChatGPT de vous fournir des citations de personnages célèbres, il vous en inventera la plupart.

---

6. Aaron Mok, « A Wharton Professor Says AI Is like an "intern" Who "Lies a Little Bit" to Make Their Bosses Happy », *Business Insider*, 20 mai 2023, URL : businessinsider.com/wharton-professor-ai-is-intern-who-lies-a-little-bit-2023-5

MA Donne-moi 5 citations de Napoléon.

Bien sûr ! Voici cinq citations célèbres de Napoléon Bonaparte :

1. "L'impossible est le refuge des lâches."
2. "L'histoire est une suite de mensonges sur lesquels on est d'accord."
3. "La victoire appartient au plus persévérant."
4. "L'audace réussit à ceux qui savent profiter des occasions."
5. "Le secret de la guerre, c'est de ne pas être trop prudent."

Napoléon Bonaparte était un homme d'État et un militaire français célèbre pour ses nombreuses contributions à l'histoire européenne au tournant du XIXe siècle. Ses citatio reflètent souvent sa vision audacieuse et son caractère déterminé.

Et il ne vous indiquera nulle part que la citation est erronée. J'ai tenté par tous les moyens d'éviter cela, mais il est malheureusement difficile d'y échapper.

Il existe plusieurs techniques pour tenter de limiter ces hallucinations, bien qu'il soit impossible de les éviter totalement. L'une des plus performantes est de bien cadrer vos demandes à ChatGPT, en lui indiquant un contexte clair et de lui imposer des contraintes. Par exemple, vous pouvez éviter une question ouverte telle que « Comment optimiser mes campagnes publicitaires sur les réseaux sociaux ? » et lui indiquer à la place : « Propose-moi cinq idées de titre pour une publicité sur Facebook destinée à des consommateurs de 50 ans et plus. Pose-moi des questions sur notre produit avant de répondre. »

Une manière simple d'éviter certaines hallucinations est d'indiquer à ChatGPT la phrase suivante après avoir obtenu sa réponse : « Es-tu sûr de l'exactitude de ta réponse ? » Cela le force à analyser le résultat et à indiquer où il n'est pas certain.

Il faut cependant rester conscient que cela n'évitera pas toutes les hallucinations et que ChatGPT, en tant que modèle se reposant sur un système de probabilités linguistique, n'est pas bon pour s'autoévaluer.

Cependant, cela permet d'éviter certaines énormités dans les réponses, ce qui est déjà pas mal. Finalement, rien ne remplacera la supervision humaine pour être sûr que la réponse est appropriée.

Pour illustrer les limites de ChatGPT et surtout le fait qu'une confiance aveugle peut jouer des tours à ses utilisateurs, je prends souvent l'exemple de l'avocat Steven Schwartz[7].

Pour défendre son client, percuté par un chariot de service lors d'un voyage en avion, il avait fait appel à ChatGPT pour trouver des cas similaires. L'outil lui en a fourni six qu'il a ensuite utilisés lors de sa plaidoirie. Le hic était que ces affaires étaient totalement inventées !

Parmi les dérives inattendues de ces hallucinations, on peut aussi citer Mark Walters, un animateur radio américain,

7. Benjamin Weiser et Nate Schweber, « The ChatGPT Lawyer Explains Himself », *The New York Times*, 8 juin 2023, URL : nytimes.com/2023/06/08/nyregion/lawyer-chatgpt-sanctions.html

qui a porté plainte pour diffamation contre OpenAI, car ChatGPT a indiqué à un journaliste effectuant une recherche sur des affaires judiciaires qu'il détournait des fonds.

Le problème est que Mark Walters n'a jamais été accusé d'avoir fraudé et détourné des fonds ! C'était le résultat d'une hallucination de ChatGPT, avec cette fois-ci des conséquences directes sur la réputation d'une personne.

Bien que le phénomène soit difficile à situer, la meilleure solution est d'apporter un maximum de contexte lorsque vous faites votre prompt. Ainsi, ChatGPT saura mieux dans quelle direction il doit regarder pour vous répondre. Il faudra néanmoins rester vigilant sur la qualité des réponses, notamment sur des faits réels.

Mémoire limitée (tokens)

Les modèles utilisés par ChatGPT se reposent sur un certain nombre de tokens[8] pour effectuer une requête (prompt), et fournissent une réponse utilisant également ces tokens. Un token correspond environ à 75 % d'un mot. Ainsi 1 000 tokens valent 750 mots. Je vous invite à jouer avec le Tokenizer proposé par OpenAI afin de tester le nombre de tokens pour n'importe quel texte.

Sans entrer dans les détails techniques, le nombre de mots (tokens) que ChatGPT est capable de traiter est limité.

8. « What are tokens and how to count them? », OpenAI, URL : https://help.openai.com/en/articles/4936856-what-are-tokens-and-how-to-count-them

Pour la version gratuite (basée sur le modèle GPT-3), le nombre de mots est d'approximativement 3 000. En ce qui concerne la version payante (se reposant sur le modèle GPT-4), nous montons à environ 6 000 mots.

Il est important de souligner qu'il faut prendre en compte les requêtes (prompts), mais aussi l'ensemble des réponses dans le calcul. Ainsi, plus une conversation dure, plus elle aura tendance à atteindre cette fameuse limite de mots. Le souci étant que ChatGPT va oublier le début de la conversation au fur et à mesure de la discussion.

Vous avez peut-être déjà eu l'impression que ChatGPT partait dans tous les sens quand la conversation durait, c'est à cause de cette fameuse limite.

Pour y remédier, vous pouvez demander à ChatGPT de résumer les points clés de la discussion. Pensez à lui rappeler les informations essentielles de contexte. Une autre manière est de démarrer une nouvelle conversation en lui indiquant les fameux éléments clés de contexte dont il a besoin.

Biais politiques

Par la nature de son modèle d'entraînement via un grand nombre de paramètres, ChatGPT ne peut éviter de tomber dans des biais politiques. Une étude menée par le MIT[9] a permis de confirmer que les modèles derrière les outils IA présentent des biais politiques.

---

9. Shangbin Feng, Chan Young Park et al., « From pretraining data to language models to downstream tasks: tracking the trails of political biases leading to unfair NLP models », *Association for Computational Linguistics Long Papers*, vol. 1, 9-14 juillet 2023, URL : https://aclanthology.org/2023.acl-long.656.pdf

Dans cette recherche, on voit que les modèles BERT, proposés par Google, ont une tendance à proposer des réponses plus « conservatrices » politiquement. À l'opposé, les modèles GPT d'OpenAI se trouvent dans l'aile politique de gauche en comparaison d'autres IA.

ChatGPT se base sur ses paramètres d'entraînement pour nous répondre. Aucun modèle n'est parfait, mais être conscient de cette limite et rester vigilant permet d'éviter de tomber dans ce piège.

Protections des données

La thématique de la protection des données fait partie des enjeux majeurs liés à l'IA. Comme souvent avec une nouvelle technologie, la législation accuse un temps de retard, mais l'Europe a été réactive avec des discussions avancées vers un EU AI Act[10]. Des chercheurs de Stanford se sont plongés dans les différents agents conversationnels pour voir s'ils respectaient les principes de ce futur règlement européen[11].

On constate qu'aucun des modèles actuels n'atteint de note satisfaisante selon cette étude, en particulier en ce qui concerne la divulgation d'informations.

Quand on parle de protections des données, l'opacité du fonctionnement du modèle, de son stockage et surtout de

10. « EU AI Act : First Regulation on Artificial Intelligence », Parlement européen, 6 août 2023, URL : europarl.europa.eu/news/en/headlines/society/20230601STO93804/eu-ai-act-first-regulation-on-artificial-intelligence
11. Rishi Bommasani, Kevin Klyman, Daniel Zhang et Percy Liang, « Do Foundation Model Providers Comply with the Draft EU AI Act ? », Université de Sanford, URL : crfm.stanford.edu/2023/06/15/eu-ai-act.html

savoir qui peut y avoir accès sont parmi les gros points noirs des modèles actuels de LLM, c'est d'ailleurs la raison pour laquelle l'Italie avait interdit l'utilisation de ChatGPT sur son territoire tant que certaines questions n'étaient pas résolues, notamment en termes de RGPD[12].

Suite à cette interdiction, OpenAI a développé un paramètre que vous pouvez activer ou désactiver dans vos paramètres de ChatGPT. Il s'agit également d'une réponse directe aux demandes des entreprises qui souhaitent une meilleure sécurité des données.

Pour y accéder, vous devez vous rendre dans vos « Paramètres »/*Settings* (en bas à gauche de votre écran d'accueil dans ChatGPT), et aller dans l'onglet « Contrôle des données »/*Data Controls*. Vous avez ensuite la possibilité de désactiver l'« historique de chat et formation »/*chat history & training*. Cela permet d'empêcher que vos données soient utilisées pour entraîner le modèle. Le revers de la médaille est que vous n'avez plus accès à l'historique de vos conversations.

ChatGPT Entreprise

Le 28 août 2023, OpenAI a annoncé[13] le lancement d'une offre de ChatGPT dédiée spécifiquement aux entreprises

12. « Interdiction de ChatGPT en Italie, un précédent pour le reste de l'Europe ? », *Forbes*, 3 avril 2023, URL : forbes.fr/technologie/interdiction-de-chatgpt-en-italie-un-precedent-pour-le-reste-de-leurope
13. « Introducing ChatGPT Enterprise », OpenAI, 28 août 2023, URL : https://openai.com/blog/introducing-chatgpt-enterprise

souhaitant intégrer la solution de manière plus rapide et dans un meilleur respect de la sécurité de données. L'annonce était attendue depuis longtemps et ouvre de belles perspectives pour les entreprises.

Concrètement, plusieurs fonctionnalités supplémentaires par rapport à ChatGPT Plus sont disponibles dans cette version. Parmi les plus notables, on peut citer que les données d'entreprise ne sont pas utilisées pour entraîner les modèles d'OpenAI.

Un autre élément qui est très souvent demandé par les entreprises, de toute taille, est de pouvoir adapter l'outil avec leurs données d'entreprise. Si cela vous paraît simple au premier abord, détrompez-vous ! La tâche est bien plus ardue qu'il n'y paraît. Cela est facilité avec cette version, notamment avec un accès privilégié à l'API d'OpenAI[14].

Parmi les autres annonces autour de cette offre à destination des entreprises, il est évoqué une version plus performante de GPT-4 et surtout un contexte envisagé quatre fois plus large grâce au traitement de 32 000 tokens (contre 8 000 pour la version de GPT-4 actuelle). Je pense que les PME, souvent plus agiles, auront une carte à jouer pour cette intégration de ChatGPT.

À l'heure où j'écris ces lignes, aucun prix officiel n'a été communiqué. Je ne m'avancerai donc pas sur l'annonce d'un montant, mais le potentiel de cette offre est bien réel.

---

14. https://platform.openai.com/overview

Les meilleurs plugins

Si l'on parle de ChatGPT comme du « moment iPhone » de l'intelligence artificielle, le lancement de son catalogue de plugins est clairement la phase « AppStore » de ChatGPT. En ouvrant sa plateforme à des développeurs tiers, OpenAI a permis de débloquer plusieurs limites de l'agent conversationnel. Pour le moment, ces plugins ne sont disponibles que dans la version payante de ChatGPT, c'est d'ailleurs un des principaux arguments de vente d'OpenAI.

À titre d'exemple, parmi les 800 plugins disponibles à ce jour dans le catalogue, plusieurs offrent la possibilité à ChatGPT d'accéder à des pages web pour les analyser et obtenir des résultats mis à jour. Cela permet ainsi de contourner la limite des données d'entraînement à septembre 2021.

La qualité est vraiment inégale parmi ces centaines de plugins. Certains apportent une réelle valeur en débloquant certaines capacités de ChatGPT, tandis que d'autres font davantage office de gadget, soit par inutilité de la prestation, soit par une utilisation alambiquée. À noter que certaines ne sont utiles que dans le cadre d'une utilisation en anglais, ce qui limite l'usage pour des tâches en français.

Plus généralement, la possibilité d'étendre les possibilités de ChatGPT grâce à ces plugins est un argument sérieux pour opter pour la version payante de l'outil.

Nous allons voir comment activer l'utilisation de plugins ainsi que les huit que je considère comme plus utiles en milieu professionnel.

Comment activer les plugins

Pour rappel, les plugins sont accessibles uniquement aux utilisateurs payant pour ChatGPT Plus. Une fois que vous êtes dans les paramètres de votre compte ChatGPT (se trouvant en bas à gauche de votre écran d'accueil), la fenêtre ci-dessous apparaît. Elle vous permet d'activer les plugins, ainsi que le Advanced Data Analysis. J'en profite pour vous encourager à activer également cette fonction bêta qui permet de téléverser des fichiers et d'analyser des documents et images facilement. Nous verrons plus en détail cette fonctionnalité par la suite.

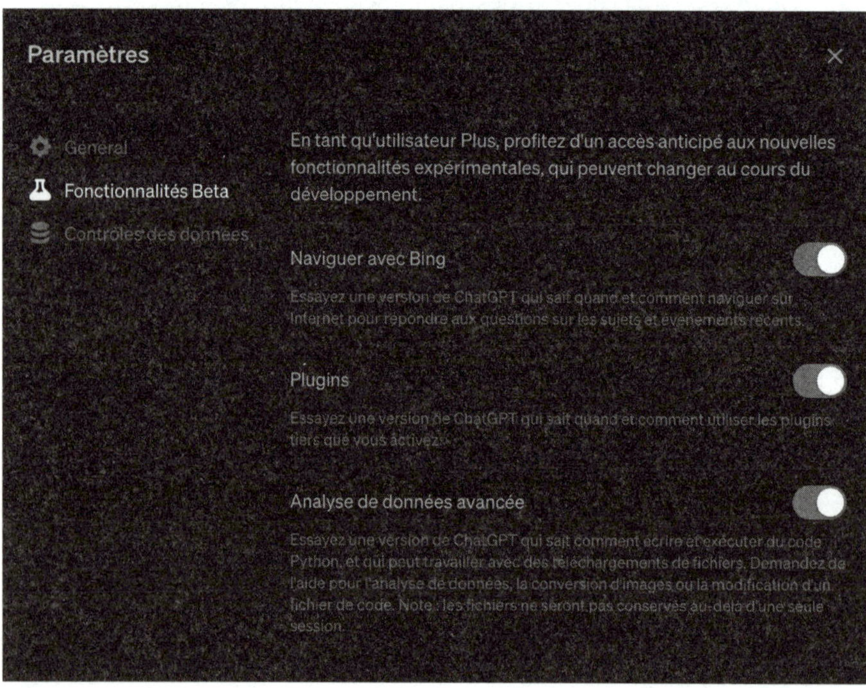

Une fois que vous avez activé la fonctionnalité des plugins, vous pouvez retourner sur l'écran d'accueil de ChatGPT, sélectionner le modèle GPT-4, puis sélectionnez « Plugins ». Vous aurez accès au Plugin store, avec un catalogue de plus de 800 références.

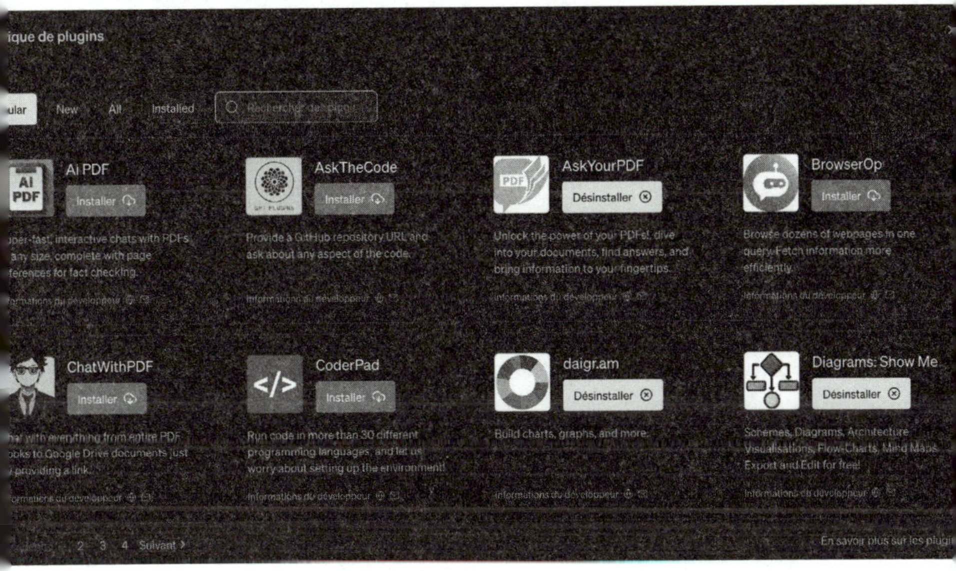

Vous pouvez installer autant de plugins que vous le souhaitez, mais gardez à l'esprit que l'activation des plugins dans une conversation est limitée à trois plugins en simultané. Vous devrez ainsi désactiver ou réactiver un plugin selon votre besoin du moment.

Je vous l'accorde, ça n'est pas très pratique, d'autant plus qu'il n'est pas rare qu'un plugin ait un bug et qu'il faille relancer la discussion. Malgré les limites actuelles, les plugins restent extrêmement utiles pour aller plus loin dans l'utilisation de ChatGPT, et vous auriez tort de passer à côté.

Les huit meilleurs plugins en milieu professionnel

Parmi les plugins les plus utiles, j'ai sélectionné ceux qui me semblent les plus utiles et pertinents en milieu professionnel. Je vous encourage malgré tout à faire vos propres expériences et à chercher si un plugin peut répondre à vos besoins spécifiques. À noter qu'il n'y a pas de classement particulier avec ces plugins. Chacun sera utile dans une situation bien précise.

1. WebPilot

C'est clairement le plugin que j'utilise le plus. L'idée est de lui donner une URL et WebPilot va résumer la page, extraire les informations essentielles et suggérer des questions en rapport avec le contenu. Si vous lui faites une requête du type « Donne-moi les infos essentielles de cette URL », vous aurez une liste structurée des points clés du contenu.

Une fois ces données extraites, vous pouvez les traiter par exemple dans un tableau ou effectuer une analyse dessus. Les possibilités sont quasi infinies, et c'est pour moi l'un des incontournables.

2. Prompt Perfect

Un des défis majeurs de ChatGPT est de formuler des questions (prompts) de manière efficace. Ça n'est pas pour rien qu'une partie entière de ce livre est dédiée au *prompt engineering* ! C'est ici que Prompt Perfect joue un rôle intéressant. En évaluant la précision votre prompt, ce plugin est capable de le reformuler pour le rendre plus clair et adapté à ChatGPT.

Ce plugin ne remplacera jamais une création détaillée et élaborée d'un prompt, mais il agit comme une sorte de « correcteur orthographique » avancé de votre prompt pour repérer les petites erreurs et éviter les incompréhensions.

Lorsque l'outil dialogue avec le modèle de langage GPT, il fournit deux réponses : une basée sur la requête optimisée et l'autre basée sur la demande initiale de l'utilisateur.

Pour activer la fonctionnalité, il suffit de commencer votre requête par le mot « Perfect ». À noter que ChatGPT peut repérer de lui-même s'il s'agit d'une demande de prompt pour utiliser automatiquement le plugin Prompt Perfect. Il faut simplement ne pas oublier de l'activer avant d'entamer la discussion.

MA Perfect : Réponds aux 5 questions les plus fréquentes des utilisateurs dans le domaine du e-commerce des bougies de luxe.

T Used **Prompt Perfect**

REQUEST TO PROMPT PERFECT


```
{
  "text": "What are the top 5 most frequently asked questions by users in the luxury candle e-commerce domain?"
}
```


RESPONSE FROM PROMPT PERFECT


```
{
  "rephrased": {
    "text": "In the luxury candle e-commerce domain, what are the five most commonly asked questions by users? Please provide a thorough and detailed response, ensuring it covers the most frequently asked questions in this specific domain."
  }
}
```


Dans le domaine du e-commerce des bougies de luxe, voici les cinq questions les plus couramment posées par les utilisateurs, ainsi que des réponses détaillées :

1. **Quelle est la durée de combustion de vos bougies de luxe ?**
   - Réponse : La durée de combustion d'une bougie de luxe varie en fonction de sa taille, de la qualité de la cire utilisée et de la manière dont elle est entretenue. En général, nos bougies de luxe peuvent brûler entre 40 et 100 heures. Il est recommandé de suivre les instructions d'entretien pour maximiser la durée de combustion.

3. Photorealistic

Si vous souhaitez créer des images grâce à une IA, Midjourney est clairement l'outil IA de génération d'image le plus performant, c'est indéniable. Néanmoins, il peut être intimidant pour un néophyte. Pour y accéder, vous devez passer par un serveur Discord et la manière d'effectuer un prompt est moins intuitive que ChatGPT.

Il n'est également pas aisé d'avoir de l'inspiration et de poser la bonne requête pour obtenir une image de qualité. C'est précisément ce qu'offre le plugin Photorealistic. Il permet de générer des descriptions détaillées pour la création d'images photoréalistes. Cet outil peut être utilisé pour visualiser des concepts, des idées ou des scènes de manière réaliste.

Gardez à l'esprit que ChatGPT est intuitivement capable de détecter si vous souhaitez que le plugin intervienne, par exemple, en demandant de créer un prompt spécifique pour une image, comme dans l'exemple page suivante.

Évidemment, cela ne permet pas de profiter de toute l'étendue des possibilités de Midjourney, mais cela permet d'apprivoiser l'outil, tout en permettant de répondre à des demandes simples rapidement.

Voici un exemple avec la demande d'un paysage futuriste, où deux options de prompts détaillés me sont proposées.

MA Génère une image d'un paysage urbain futuriste au coucher du soleil, avec des gratte-ciel imposants et un ciel d'un rouge/orange éclatant.

Used **Photorealistic**

Prompt Option 1:
Futuristic urban landscape at sunset, towering skyscrapers, vibrant red/orange sky, photo hyper-realism, highly detailed, reminiscent of scenes from Blade Runner 2049, lighting: intense sunset glow casting long shadows, colors: deep reds, oranges, and silhouettes of buildings, composition: Nikon D850 DSLR camera, NIKKOR 24-70mm f/2.8E ED VR lens, Resolution 45.7 megapixels, ISO sensitivity: 64, Shutter speed: 1/125 second, wide-angle shot capturing the vastness of the city, depth-of-field focusing on the skyline with a blurred foreground --ar 16:9 --v 5.1 --style raw --q 2 --s 750

Prompt Option 2:
Metropolitan horizon during dusk, futuristic high-rises, sky ablaze with fiery red and orange hues, ultra-realistic, evoking the artistry of Syd Mead's cityscapes, lighting: radiant glow from the setting sun illuminating the city, colors: rich crimson, gold, and darkened structures, composition: Canon EOS-1D X Mark III DSLR camera, EF 16-35mm f/2.8L III USM lens, Resolution 20.1 megapixels, ISO sensitivity: 50, Shutter speed: 1/100 second, panoramic view emphasizing the verticality of the buildings, shallow depth-of-field with emphasis on the tallest skyscraper --ar 16:9 --v 5.1 --style raw --q 2 --s 750

Et voici le résultat du prompt effectué dans Midjourney.

Ce plugin est un excellent point de départ pour apprivoiser Midjourney en passant par ChatGPT dans un premier temps.

4. Whimsical Diagrams

Quand nous avons besoin de structurer nos idées, il n'y a rien de mieux que les *mind maps*. ChatGPT ne proposant pas cette fonctionnalité de base, le plugin Whimsical Diagrams arrive à point nommé pour les réaliser directement dans l'interface de ChatGPT.

Il est également possible de créer des diagrammes directement avec ce plugin. Ce n'est pas le plugin le plus connu, mais il est redoutablement efficace, notamment pour les professions de consultant ou pour mettre en schéma une idée ou des concepts générés par ChatGPT.

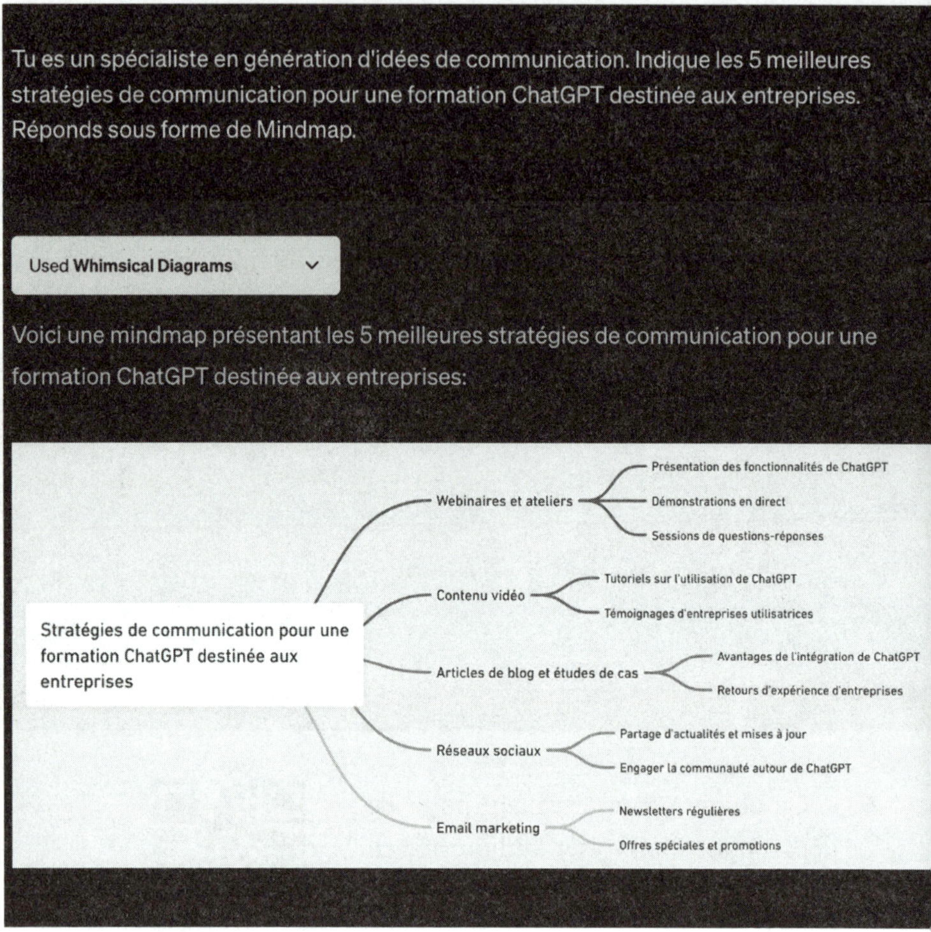

5. VoxScript

J'ai une pile immense de vidéos YouTube aussi longues qu'intéressantes à regarder « plus tard », sans jamais avoir le temps de le faire. Avec le plugin VoxScript, il est maintenant possible de retranscrire le texte et d'effectuer un résumé des points clés en quelques minutes. C'est vraiment pratique pour une traduction par exemple, ou pour générer des publications sur les réseaux sociaux basées sur une vidéo.

L'avantage de ce plugin est qu'il peut effectuer des recherches en temps réel d'autres informations sur le web.

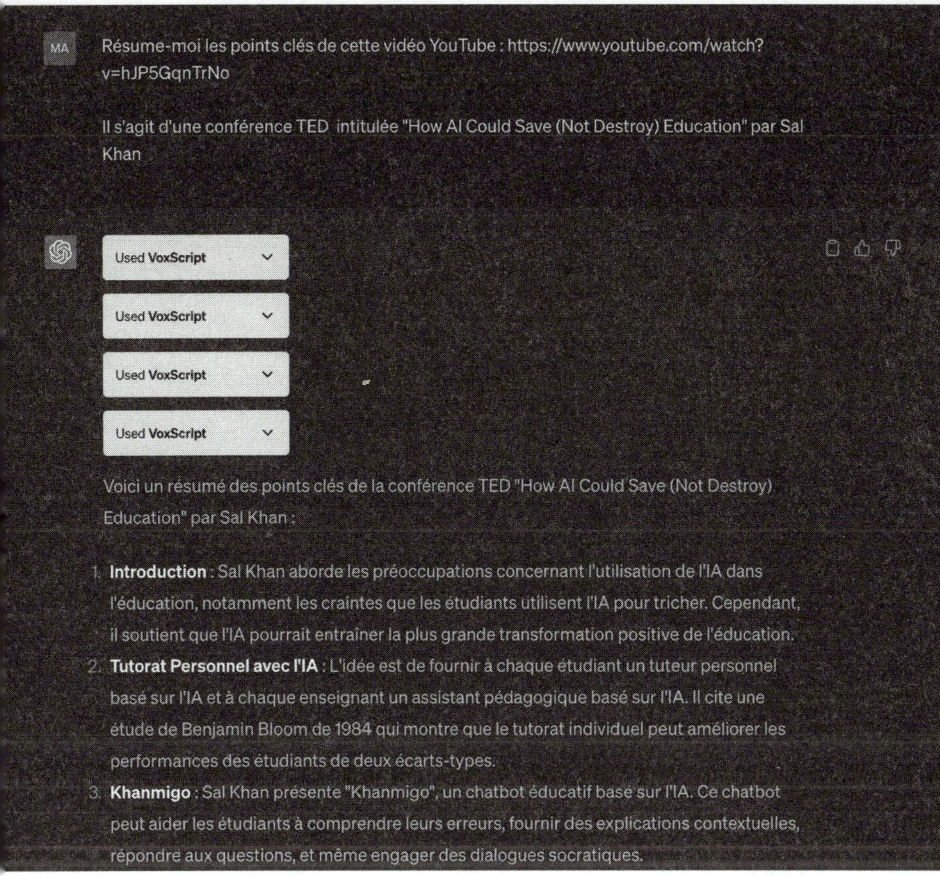

6. Your AI Council

J'adore ce plugin, car il offre plusieurs perspectives dans le cadre d'une recherche ou dans la résolution d'un problème complexe. L'idée est de poser une question à un « conseil IA » composé de plusieurs spécialistes, chacun dans un domaine distinct, pour obtenir une réponse. Le plugin simule un débat entre ces experts qui vous donnent ensuite un résultat basé sur ces discussions.

Une idée toute bête, mais très utile dans certaines situations où nous avons besoin de plusieurs perspectives.

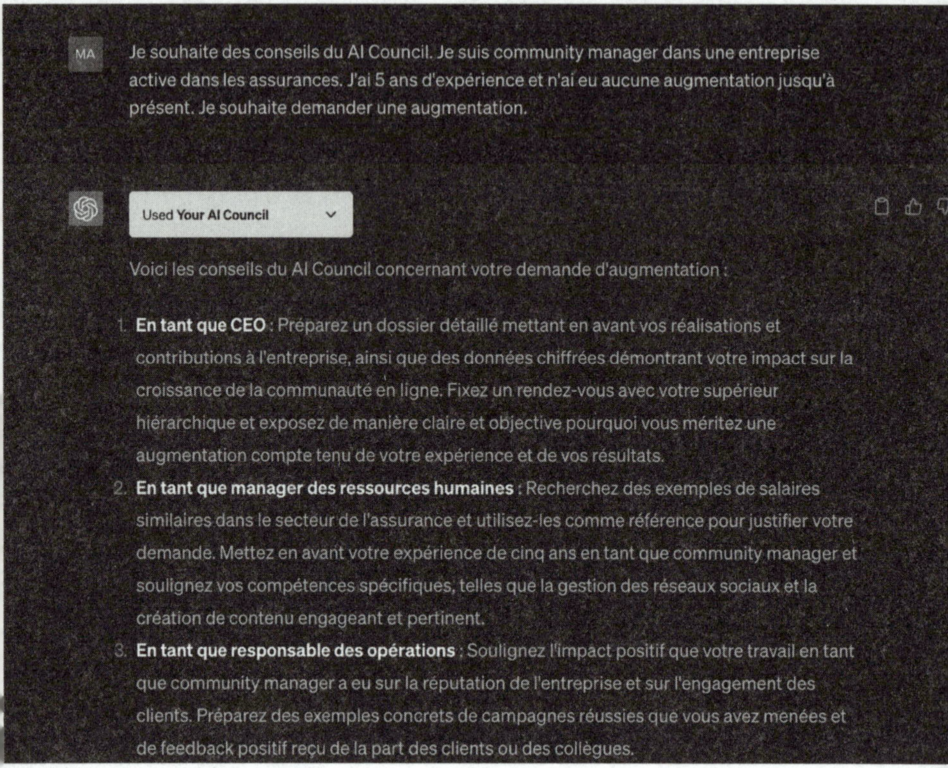

MA Je souhaite des conseils du AI Council. Je suis community manager dans une entreprise active dans les assurances. J'ai 5 ans d'expérience et n'ai eu aucune augmentation jusqu'à présent. Je souhaite demander une augmentation.

Used Your AI Council

Voici les conseils du AI Council concernant votre demande d'augmentation :

1. **En tant que CEO** : Préparez un dossier détaillé mettant en avant vos réalisations et contributions à l'entreprise, ainsi que des données chiffrées démontrant votre impact sur la croissance de la communauté en ligne. Fixez un rendez-vous avec votre supérieur hiérarchique et exposez de manière claire et objective pourquoi vous méritez une augmentation compte tenu de votre expérience et de vos résultats.
2. **En tant que manager des ressources humaines** : Recherchez des exemples de salaires similaires dans le secteur de l'assurance et utilisez-les comme référence pour justifier votre demande. Mettez en avant votre expérience de cinq ans en tant que community manager et soulignez vos compétences spécifiques, telles que la gestion des réseaux sociaux et la création de contenu engageant et pertinent.
3. **En tant que responsable des opérations** : Soulignez l'impact positif que votre travail en tant que community manager a eu sur la réputation de l'entreprise et sur l'engagement des clients. Préparez des exemples concrets de campagnes réussies que vous avez menées et de feedback positif reçu de la part des clients ou des collègues.

Il existe bien évidemment un grand nombre d'autres plugins utiles selon les métiers. Par exemple, pour tous les métiers du marketing et de la communication, il a deux plugins particulièrement intéressants.

7. Canva

Ce plugin était très attendu. L'idée est alléchante : pouvoir connecter l'une des plateformes les plus connues de création de visuels avec ChatGPT !

Honnêtement, pour le moment, l'utilisation est limitée à une recherche dans les modèles Canva, mais j'ai confiance dans le fait qu'il évoluera rapidement.

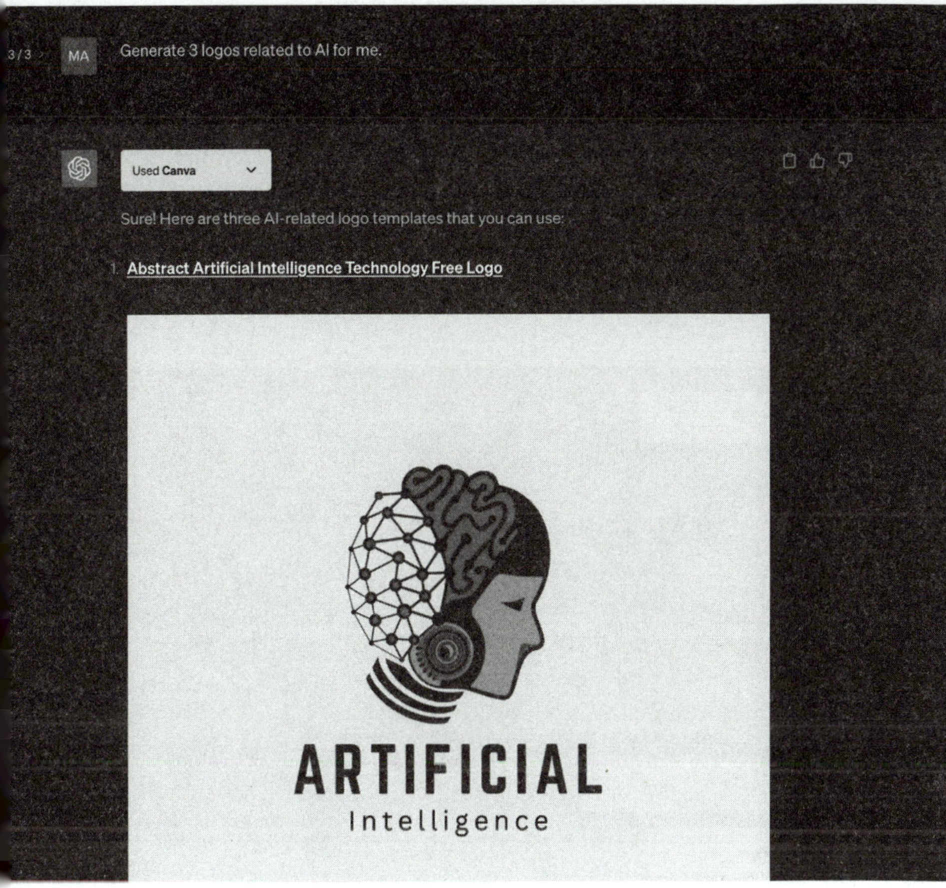

8. CapCut

Vous le connaissez sûrement, CapCut est un logiciel de montage gratuit et très performant. Avec ce plugin, vous pouvez créer des courtes vidéos très facilement.

Pour le moment, les textes sont en anglais, mais le français devrait arriver très bientôt.

Là où les plugins sont le plus intéressant est quand on les combine. C'est loin d'être parfait, mais on peut voir le potentiel.

J'ai effectué la demande suivante à ChatGPT en utilisant les plugins Canva et CapCut : « Génère une vidéo TikTok pour montrer les cinq avantages de l'IA en entreprise. Puis, génère-moi une vignette de cette vidéo. »

Et voici le résultat :

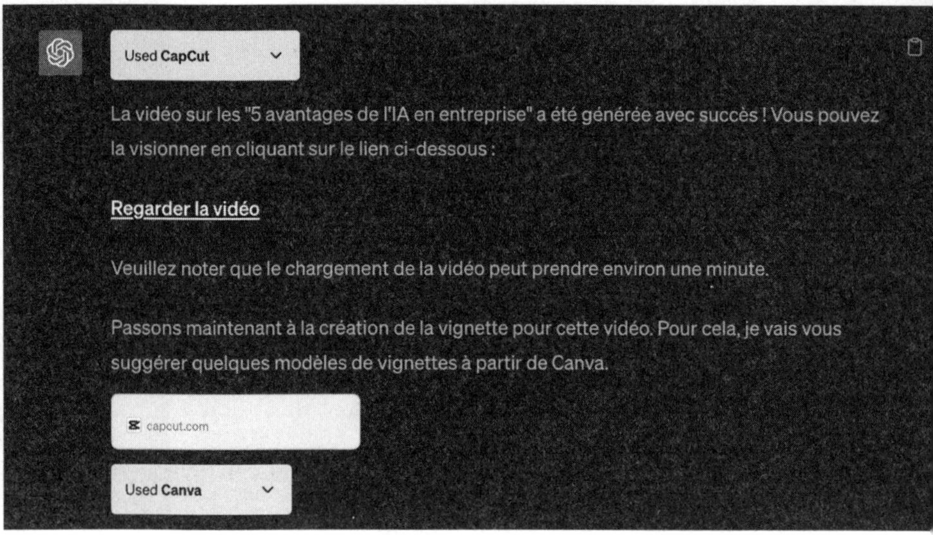

Le résultat est surtout intéressant pour voir le potentiel, même s'il n'est pas utilisable en l'état. C'est néanmoins un début encourageant pour la combinaison de différents plugins.

Les fonctionnalités en bêta

En parallèle des plugins, OpenAI propose des fonctionnalités en mode bêta pour étendre les capacités de ChatGPT lorsqu'elles sont activées. La première de ses fonctionnalités a été celle intitulée « Browsing », puis « Browsing with Bing », qui permettait de naviguer sur le web et obtenir des données en temps réel. Ce dernier a été désactivé quelques semaines après sa sortie quand l'organisation a réalisé qu'il permettait de passer outre le « *paywall* » de l'ensemble des sites de médias[15]. Plusieurs mois après, la fonctionnalité a été finalement réactivée.

Les deux fonctionnalités suivantes, à savoir « Advanced Data Analysis » et « Custom Instructions » offrent chacune une réponse à une problématique concrète et permettent d'améliorer les possibilités de ChatGPT. Je vous encourage à les tester.

Advanced Data Analysis

La fonctionnalité Advanced Data Analysis, anciennement appelée « Code Interpreter » est d'une utilité redoutable ! Elle permet de charger des documents, images et données pour les faire interpréter et analyser par ChatGPT. Sa force est également de pouvoir exécuter du code et créer des graphiques à partir des données chargées.

15. Maria Diaz, « ChatGPT browsing feature deactivated only a week after roll out - here's why », zdnet, 5 juillet 2023, URL : https://www.zdnet.com/article/chatgpt-browsing-feature-paused-after-users-bypassed-paywalls/

Voici une liste non exhaustive des possibilités offertes par Advance Data Analysis :

- téléverser des fichiers (Excel, Word, PDF, csv, txt, etc.), pour les analyser ;
- analyser des données et faire un compte rendu ;
- générer des graphiques ;
- effectuer des calculs ;
- écrire du code Python ;
- analyser des images (par exemple pour extraire la palette de couleurs utilisée) ;
- réaliser une reconnaissance optique (OCR) d'une image ;
- convertir des données en site web.

Pour beaucoup, la sortie de cette fonctionnalité est l'une des plus importantes depuis celle de GPT-4. Le paradoxe est qu'elle n'est pas encore suffisamment utilisée par le grand public.

Pour l'activer, vous devez vous rendre dans les « Paramètres »/ *Settings*, puis dans l'onglet « Fonctionnalités Beta »/ *Beta features*. Il vous suffit ensuite de rendre accessible. Lorsque vous commencez une discussion avec ChatGPT, vous devez ensuite activer l'option « Advanced Data Analysis » pour pouvoir l'utiliser.

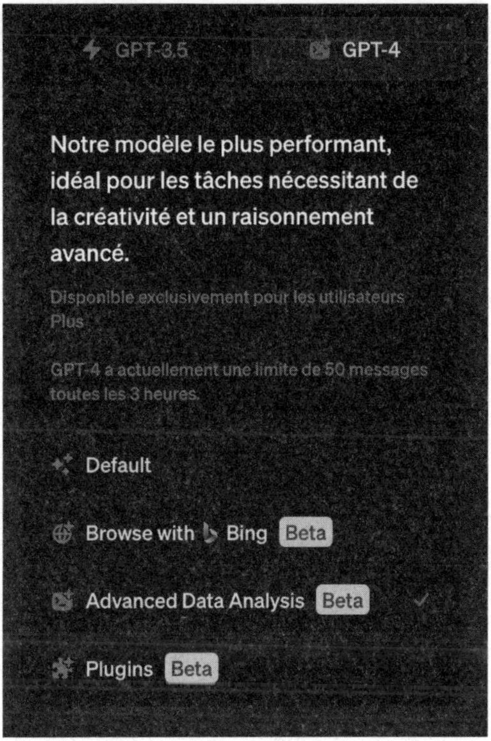

Chaque fois que je montre les possibilités d'Advanced Data Analysis en formation, les participants n'ont qu'une envie, le tester dans leur pratique professionnelle !

Voici deux exemples concrets d'utilisation de la fonctionnalité.

Exemple n° 1 : extraire une palette de couleurs

Pour illustrer cet exemple, je vais reprendre l'image de notre cité futuriste générée avec le plugin Photorealistic et Midjourney.

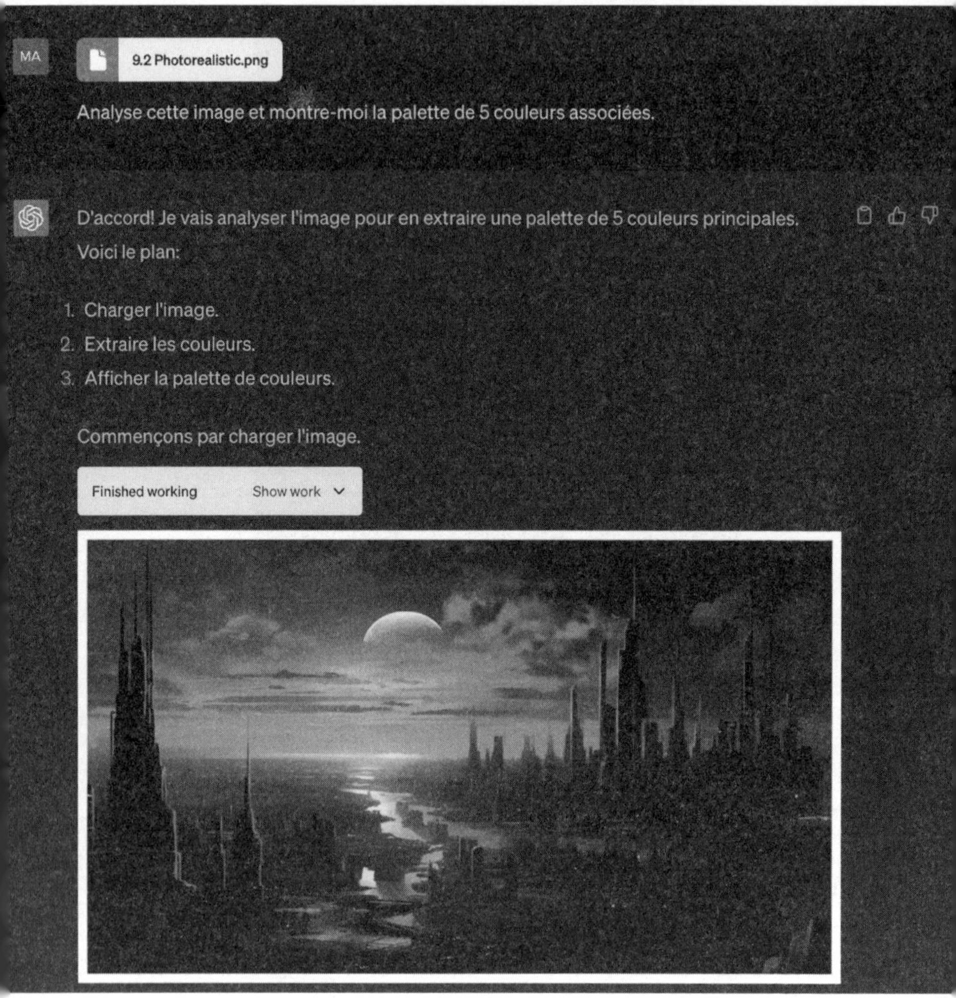

Une fois l'image chargée, Advanced Data Analysis va extraire les codes couleur en RGB, puis nous montrer directement la palette associée. Le tout en quelques secondes !

J'ai identifié les 5 couleurs principales suivantes à partir de l'image :

1. RGB : $(186, 67, 50)$
2. RGB : $(69, 37, 42)$
3. RGB : $(244, 109, 62)$
4. RGB : $(21, 5, 6)$
5. RGB : $(123, 52, 48)$

Maintenant, je vais vous montrer la palette de ces couleurs.

Finished working Show work

Voici la palette des 5 couleurs principales extraites de votre image. Ces couleurs représentent les teintes les plus dominantes de l'image. Vous pouvez les utiliser comme référence ou pour d'autres applications nécessitant une palette de couleurs.

Exemple n° 2 : analyser un fichier Excel, interpréter et générer des graphiques

Si, dans votre quotidien professionnel, vous devez effectuer des analyses de fichiers Excel, il y a de fortes chances que Advanced Data Analysis puisse vous aider.

Dans cet exemple, j'ai pris des données de l'indice suisse des prix à la consommation (IPC) proposé par l'OFS[16]. Il mesure le renchérissement des biens et services de consommation en Suisse. Il montre de combien les produits ont renchéri par rapport au mois précédent, à l'année précédente ou à tout autre moment de référence. Ce type de données porte sur une longue période de temps et peut tout à fait être analysé par ChatGPT grâce à Advanced Data Analysis.

J'ai téléversé le fichier Excel et lui ai simplement demandé de réaliser une analyse complète. ChatGPT va me proposer de lui-même des analyses à effectuer pour nous aider dans la démarche.

16. bfs.admin.ch/bfs/fr/home/statistiques/prix/indice-prix-consommation.html

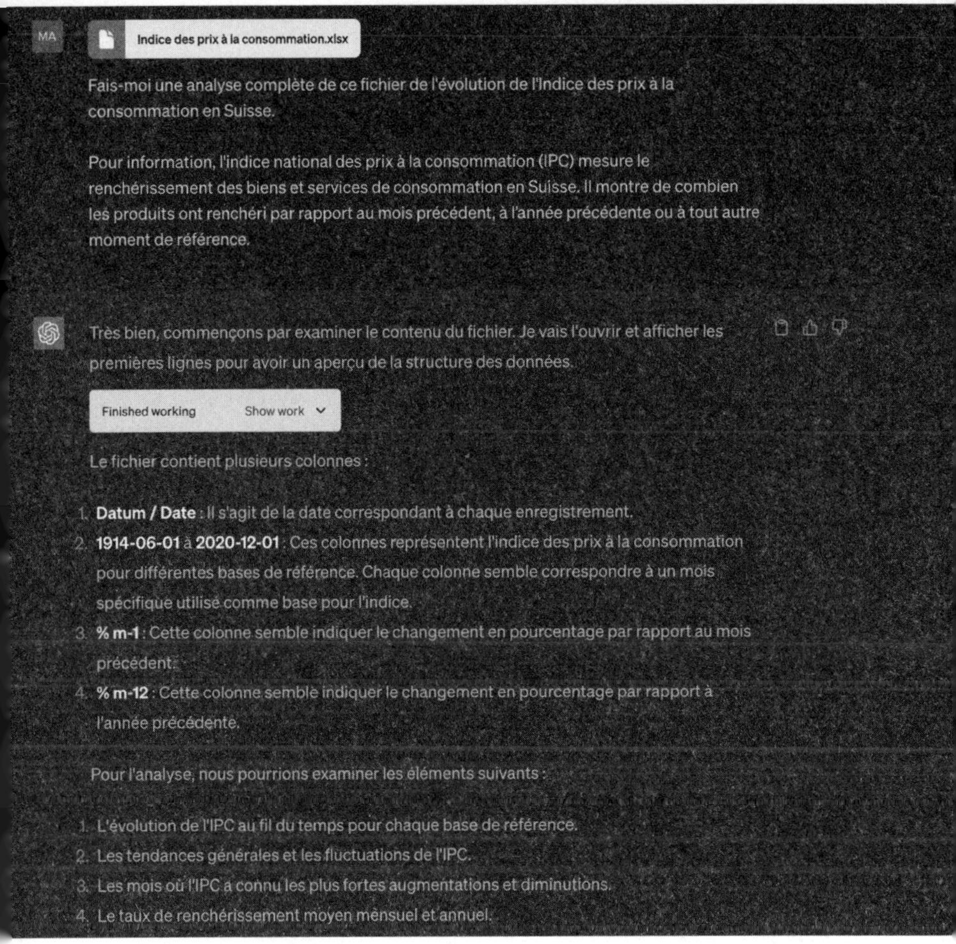

Une fois les types d'analyses sélectionnés, ChatGPT va générer automatiquement des graphiques pour nous aider à visualiser les données et nous proposer des conclusions.

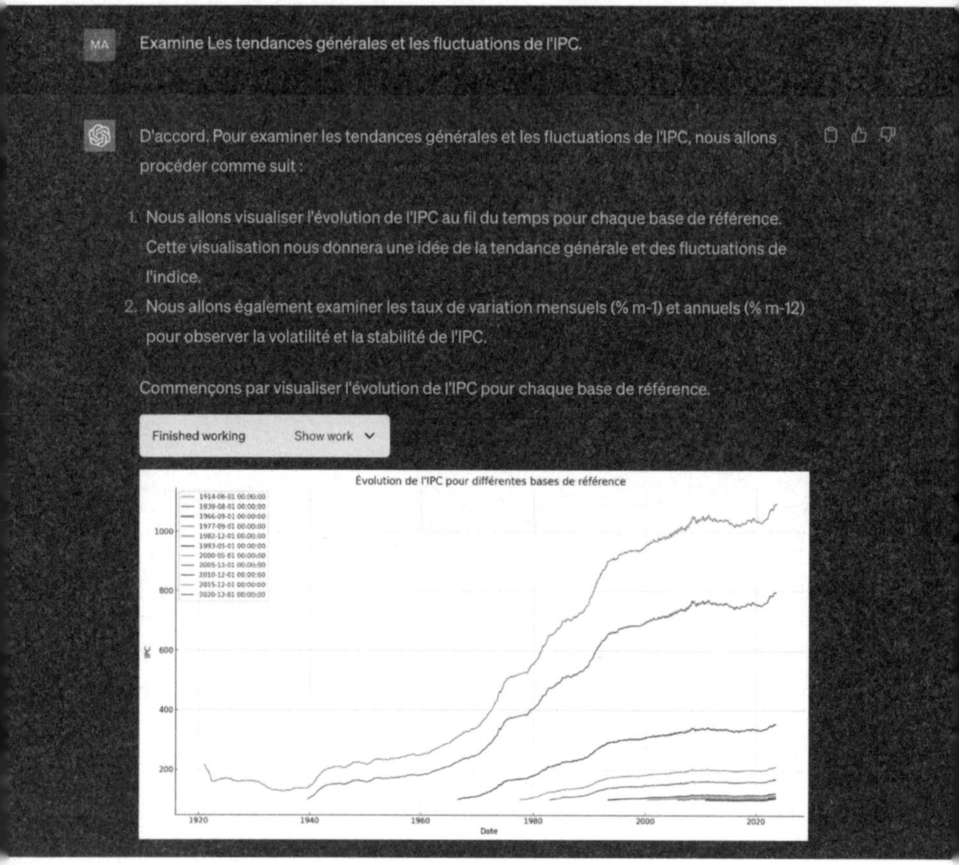

Tout au long du processus, vous pouvez lui demander d'analyser ou de calculer sur les données du fichier. C'est tout simplement une aide et un gain de temps potentiel considérables.

Instructions personnalisées

Un des points faibles de ChatGPT est qu'il n'a pas de mémoire dès que l'on commence une nouvelle conversation. La fonctionnalité Custom Instructions permet d'ajouter un contexte qui sera utilisé comme base dans toutes les conversations que vous effectuez avec ChatGPT, sans devoir les ajouter à chaque fois. Elle est ainsi très utile en entreprise pour indiquer le contexte sans devoir l'effectuer lors de chaque nouveau prompt.

À nouveau, pour activer cette fonctionnalité, vous devez vous rendre dans « Paramètres »/*Settings*, puis dans « Fonctionnalités Beta »/*Beta features*.. Vous pouvez ensuite ajouter des informations à deux niveaux :

- le premier niveau consiste à renseigner des informations générales pour obtenir des réponses plus adaptées à votre contexte ;
- le second niveau permet de préciser la forme et le type de réponse souhaitée, notamment pour les formats et le style de la réponse.

Je vous ai préparé un exemple où je donne mon propre contexte à ChatGPT. L'idée est de lui donner mes objectifs, mon public cible et plusieurs éléments sur mes prestations. Ainsi, il saura dans quel environnement je suis.

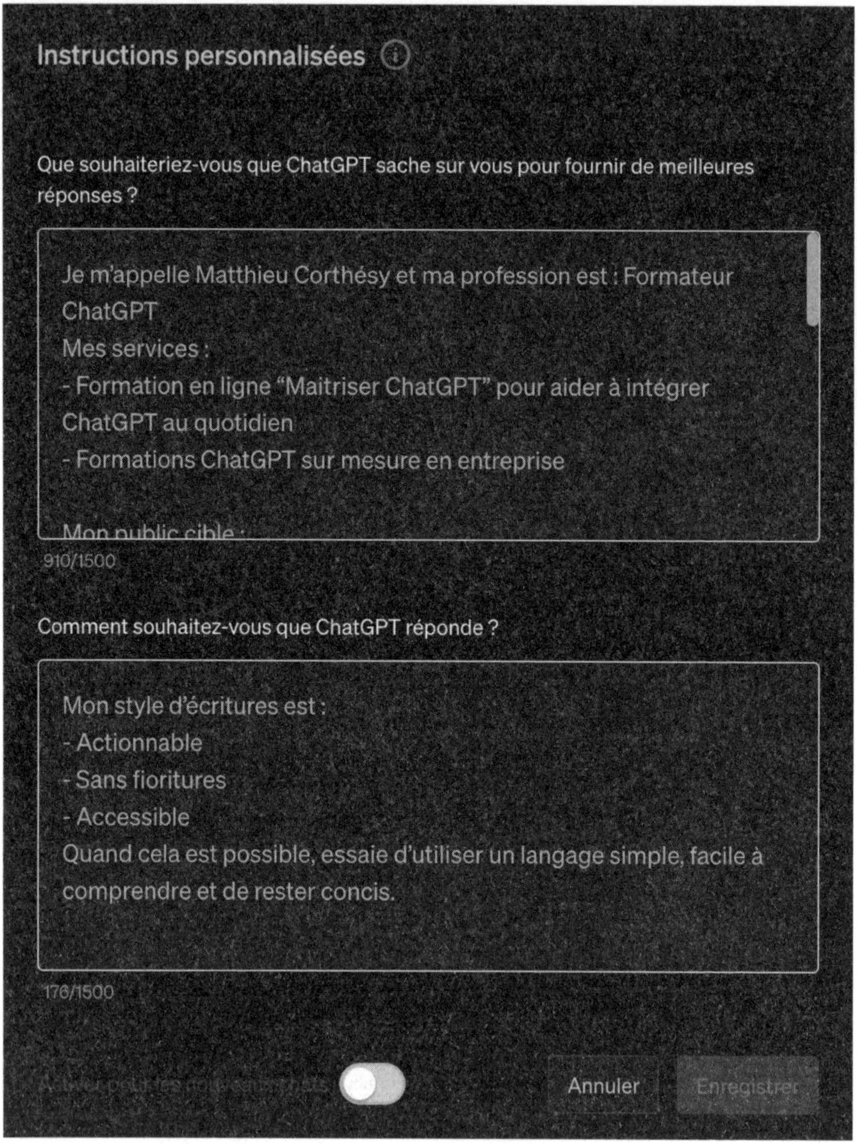

Dans un second temps, je lui indique le style de la réponse à appliquer pour toutes les nouvelles conversations. Ainsi, je n'ai plus besoin de l'indiquer lors de chaque prompt !

N'hésitez pas à actualiser les Custom Instructions régulièrement selon vos besoins du moment.

Les alternatives

Même si le nom de ChatGPT arrive directement à l'esprit quand on parle d'agent conversationnel utilisant l'IA, on aurait tort de se limiter à cet outil. Il existe plusieurs alternatives, utilisant GPT-4, mais également d'autres LLM avec des capacités intéressantes.

Parmi les concurrents les plus avancés de ChatGPT, on cite souvent ces trois outils, à savoir Bing Chat, Google Bard et Claude 2. Nous allons voir ensemble leurs forces et faiblesses respectives.

Bing Chat

Parmi les avantages obtenus par Microsoft avec son investissement de 10 milliards de dollars dans OpenAI[17] et ses liens étroits avec l'organisation, il y a eu l'intégration rapide du modèle GPT-4 dans Bing Chat. Cela donne un avantage certain au chatbot de Microsoft avec l'utilisation du modèle le plus avancé. Concrètement, vous avez accès à GPT-4 gratuitement avec Bing Chat, sans devoir souscrire l'abonnement ChatGPT Plus. Un autre argument notable est l'accès de la solution à des données actuelles et la citation des sources dans la réponse.

17. Dominique Filippone, « Microsoft investit 10 milliards de dollars dans OpenAI », *Le Monde informatique*, 23 janvier 2023, URL : lemondeinformatique.fr/actualites/lire-microsoft-investit-10-milliards-de-dollars-dans-openai-89297.html

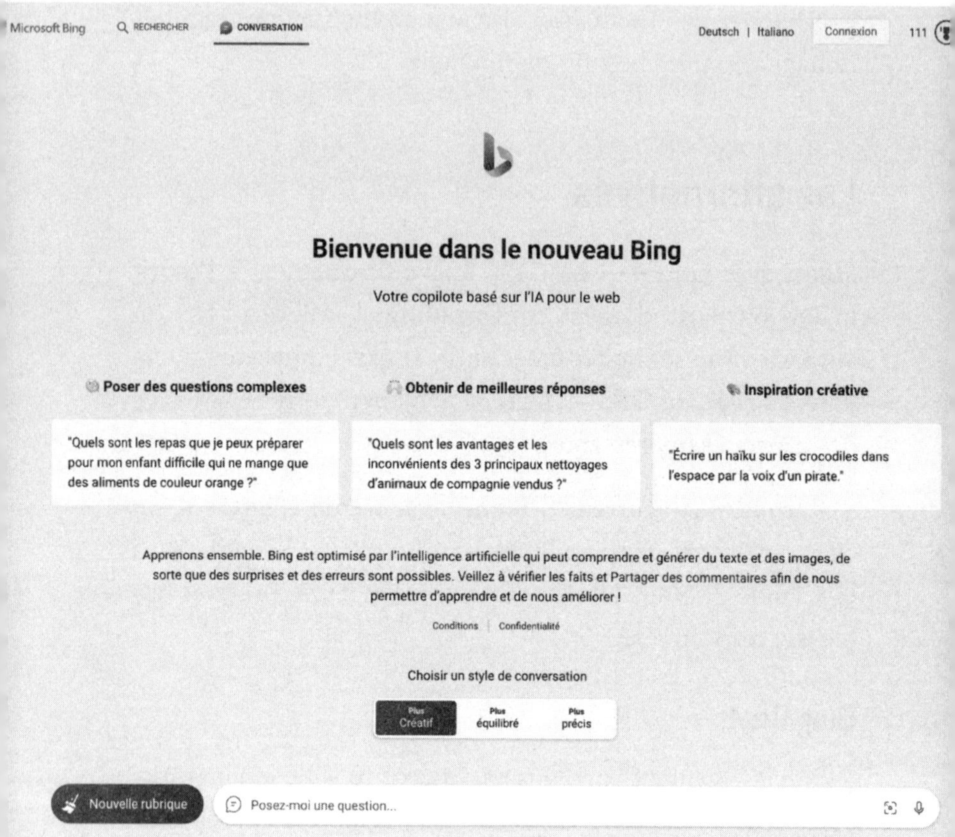

Les deux gros points faibles de l'outil sont d'une part les publicités intégrées dans les résultats, et d'autre part l'obligation d'utiliser le navigateur Microsoft Edge pour être utilisé, bien qu'un déploiement dans Chrome et Safari ait été annoncé en juillet 2023[18].

18. Emma Roth, « Bing Chat Is Coming to Google Chrome and Safari », *The Verge*, 24 juillet 2023, URL : theverge.com/2023/7/24/23805493/bing-ai-chat-google-chrome-safari

Google Bard

La réponse de Google à l'arrivée de ChatGPT s'est fait quelque peu attendre. C'est en mars 2023 qu'est sorti Bard, son agent conversationnel, dans 180 pays (à l'exception de ceux européens). Le déploiement en Europe et en Suisse a été effectué en juillet 2023.

La grande différence de Bard est qu'il repose sur le modèle de langage développé par Google, intitulé LaMDA. L'avantage certain de Bard est son intégration de plus en plus poussée dans les différents produits de Google, avec la possibilité d'exporter des résultats directement vers Google Docs ou Gmail par exemple[19]. L'intérêt est également la connexion aux résultats de Google en temps réel.

Fondamentalement, Bard est construit pour la recherche de réponses tandis que ChatGPT sera meilleur dans le raisonnement et la rédaction.

Claude AI

À l'ombre des mastodontes de l'IA générative, il y a la société Anthropic, fondée par Daniela et Dario Amodei, anciens employés d'OpenAI. Avec le lancement de leur agent conversationnel Claude 2, basé sur leur propre LLM en juillet 2023, ils ont frappé un grand coup avec plusieurs avantages marquants

19. Anouch Seydtaghia, « Google Bard, concurrent de ChatGPT, est désormais disponible en Suisse : notre premier test », *Le Temps*, 13 juillet 2023, URL : letemps.ch/economie/google-bard-concurrent-de-chatgpt-est-desormais-disponible-en-suisse-notre-premier-test

par rapport à ChatGPT. Tout d'abord, Claude 2 a obtenu de meilleures évaluations de pertinence par rapport à certains domaines de questions[20]. Sa force est par ailleurs sa gratuité et le fait de pouvoir traiter une bien plus grande quantité de texte en comparaison à ChatGPT. En août 2023, il n'était pas encore disponible en France. À noter, il faut un VPN pour y accéder.

Tableau comparatif

Afin de classifier l'offre des différents agents conversationnels, j'ai réalisé ce tableau comparatif sur des critères tels que la rapidité dans la réponse, la créativité, la pertinence des réponses, la mise à jour des données, ainsi que le coût. Je n'ai pris que la version payante de ChatGPT dans cette comparaison, afin de montrer le modèle le plus avancé.

Alternatives à ChatGPT

Tableau récapitulatif

	ChatGPT Plus	Claude AI	Bing Chat	Google Bard
Rapidité	☆☆	☆☆	☆	☆☆☆
Créativité	☆☆☆	☆☆☆	☆☆	☆☆
Pertinence	☆☆☆	☆☆☆	☆☆	☆
Données à jour	☆☆	☆☆	☆☆☆	☆☆☆
Coût	$20/mois	Gratuit	Gratuit	Gratuit

20. Will Henshall, « What to Know About Claude 2, Anthropic's Rival to ChatGPT », *Time*, 18 juillet 2023, URL : time.com/6295523/claude-2-anthropic-chatgpt

Évidemment, ces évaluations sont de simples tendances que j'ai observées. Il faudrait réaliser des analyses plus approfondies pour définir ces résultats. Par exemple, même si ChatGPT Plus est connecté à Internet grâce à des plugins, les données d'entraînement restent celles jusqu'à 2021. Les données actuelles via Internet ne sont ajoutées que sur demande via le plugin. L'intégration des informations à jour est ainsi meilleure dans Google Bard et Bing Chat.

L'idée est de vous montrer que des alternatives à ChatGPT existent, et de vous donner envie de tester un autre outil pour voir s'il peut vous permettre d'obtenir de meilleurs résultats selon vos besoins spécifiques.

PARTIE 3

PROMPT ENGINEERING

S'il y a bien un terme à la mode en lien avec le monde de l'intelligence artificielle, c'est celui du « *prompt engineering* ». Vous avez peut-être vu passer des articles parlant d'annonces de postes payés 350 000 dollars annuels par des entreprises désirant un spécialiste du domaine. On m'a d'ailleurs souvent demandé pourquoi je ne devenais pas « *prompt engineer* » moi-même au lieu de donner des formations !

À titre personnel, bien que cela soit bien un métier en tant que tel, je vois davantage cette discipline comme une compétence clé que tout professionnel devrait maîtriser. Une *soft skill* qui sera de plus en plus demandée lors des entretiens d'embauche.

La première expérience que nous avons tous eue avec ChatGPT était de lui poser une question comme nous le faisons avec le moteur de recherche de Google, à savoir une demande en quelques mots ou quelques phrases. Et la déception était parfois au rendez-vous, car la réponse était bien trop vague et générique pour être réellement utile.

C'est précisément l'objectif de cette partie, vous donner les bases d'un bon prompt avec ChatGPT. Maîtriser ces techniques vous sera également utile pour d'autres outils IA. La logique reste similaire, et vous aurez bien plus de facilité à l'assimiler.

Qu'est-ce qu'un prompt ?

L'idée de départ est simple. Quelle est la meilleure manière de poser des questions à ChatGPT pour obtenir des réponses satisfaisantes ? On pourrait définir un prompt ainsi :

« Un prompt est une phrase (ou un texte), entrée par l'utilisateur, pour initier une conversation avec ChatGPT. »

C'est bien cela dont nous parlons, d'une « conversation » avec la machine. Le prompt est là pour entamer un dialogue avec ChatGPT pour obtenir une réponse la plus complète et utile possible. Parmi les éléments clés que nous aborderons dans cette phase, il y a les éléments de contexte, de rôle, mais également du cheminement que nous pouvons suivre avec ChatGPT.

Nous passerons du prompt le plus élémentaire jusqu'au plus avancé pour vous donner les clés d'un dialogue réussi avec ChatGPT. À noter que tous les prompts ont été testés dans la version gratuite et payante de ChatGPT. Les réponses obtenues sont différentes, mais les prompts fonctionnent dans les deux versions.

Les prompts basiques

C'est le niveau le plus élémentaire du prompt, à savoir une unique requête effectuée à ChatGPT, sans donner de contexte particulier. Et c'est une manière tout à fait valable à appliquer pour des demandes simples telles que « Indique-moi la capitale de la Suisse » ou « Traduis-moi cette phrase en anglais ».

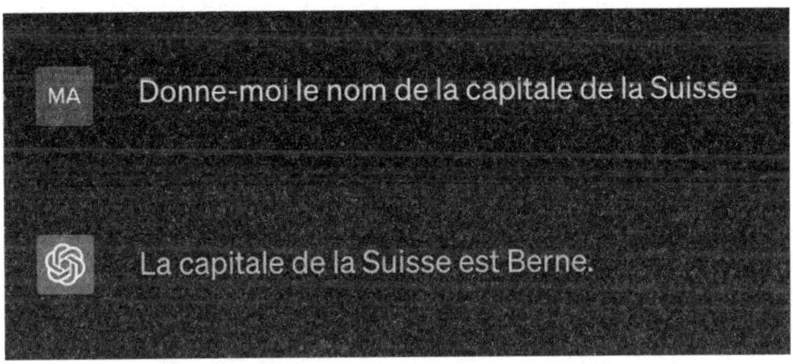

L'idée est que les modèles GPT sont suffisamment entraînés pour donner la bonne réponse au bout d'une seule tentative en devinant le contexte par lui-même. Ce qui est effectivement le cas pour toute une série de demandes, comme celle que nous venons de voir.

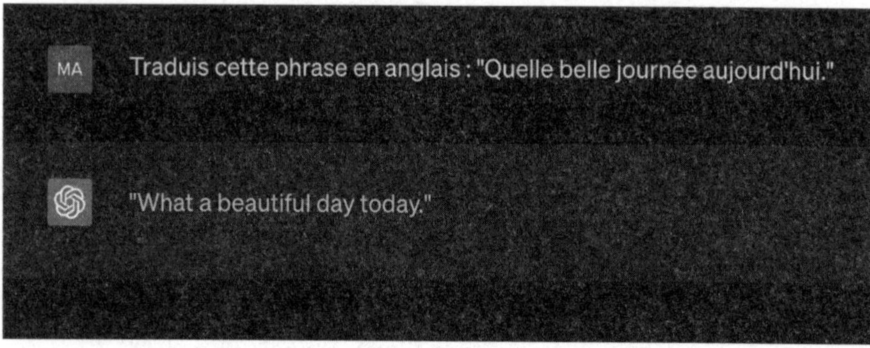

En revanche, dès que vous estimez que la réponse est trop générique, vous devez rapidement penser à donner des éléments de contexte.

C'est l'une des erreurs les plus fréquentes que les débutants font avec ChatGPT, penser qu'il est capable de deviner tous les types de contexte, même les plus complexes. Force est de constater que c'est loin d'être le cas ! Dès que vous sortez des demandes universelles, ChatGPT va vous donner des réponses génériques, car il ne saura pas où se diriger dans sa réponse.

Exemple : article de blog

Si vous faites par exemple une demande simple pour un article de blog, vous obtiendrez des résultats trop basiques ou n'allant pas dans la direction que vous souhaitez. Voici un exemple :

```
Crée un article de blog pour présenter des logi-
ciels e-mailing.
```

La réponse de ChatGPT n'est pas mauvaise, mais elle n'est pas utilisable en l'état, car il n'a pas mis tous les éléments dont nous avons besoin.

Bien sûr! Voici un exemple d'article de blog sur les logiciels d'emailing :

Les Meilleurs Logiciels d'Emailing en 2023

L'emailing reste l'un des moyens les plus efficaces pour atteindre votre audience, que ce soit pour des campagnes marketing, des newsletters ou des communications internes. Dans cet article, nous allons explorer certains des meilleurs logiciels d'emailing disponibles en 2023.

1. MailChimp

- **Avantages** : Interface conviviale, intégrations multiples, excellentes fonctionnalités d'analyse.
- **Inconvénients** : Peut devenir coûteux à mesure que votre liste s'agrandit.

2. SendinBlue

- **Avantages** : Tarification basée sur le nombre d'emails envoyés et non sur le nombre de contacts, SMS marketing inclus.
- **Inconvénients** : Moins d'intégrations que certains concurrents.

3. GetResponse

- **Avantages** : Outils d'automatisation avancés, créateur de landing page inclus, webinaires.
- **Inconvénients** : La courbe d'apprentissage peut être un peu raide pour les débutants.

Pour résoudre ce problème, vous pouvez cadrer ChatGPT en lui indiquant quelques exemples ou des indications plus précises sur ce que vous attendez dans sa réponse. La demande reste simple, mais structurée avec des éléments de cadrage pour ChatGPT.

Dans ce cas précis, j'ai repris des conseils donnés par un article de Semrush[1] sur les points clés d'un bon article de blog sous forme de liste. Voici le prompt utilisé :

```
Crée un article de blog de type « Liste » pour pré-
senter les 3 meilleurs logiciels e-mailing.

Pour t'aider dans ta tâche, voici les éléments
d'un bon article de blog de type « Liste ».

1. Titre :
Commence par un chiffre, en indiquant au lecteur
combien d'éléments figurent sur cette liste. Décris
clairement le sujet principal en étant captivant.
Exemple de titre : « Le top 30 des meilleures séries
originales Netflix ».

2. Introduction :
Établis le principal argument de vente de l'ar-
ticle en étant le plus concis possible.

3. Corps de l'article :
Voici les 3 logiciels à traiter : Brevo (ancienne-
ment Sendinblue), Mailchimp, Hubspot.

Rédige un paragraphe de 100 mots pour introduire
chaque logiciel, puis inclus les éléments suivants :
« Points forts », « Idéal pour », « À considérer ».

4. Conclusion : Mets en évidence la principale
leçon que le lecteur doit tirer de cette liste.
```

Le résultat est bien meilleur, sans compter que nous aurions pu donner davantage d'exemples concrets (mais le prompt était suffisamment long pour l'exercice).

---

1. fr.semrush.com/blog/modeles-articles-blog/#mod%C3%A8le-de-contenu-listicle

Le Top 3 des meilleurs logiciels emailing en 2023

Introduction :
Dans le monde numérique d'aujourd'hui, l'emailing reste un outil puissant pour les entreprises cherchant à atteindre leur public cible. Choisir le bon logiciel d'emailing peut faire la différence entre une campagne réussie et une perte de temps. Voici notre sélection des trois meilleurs logiciels d'emailing en 2023.

1. Brevo (anciennement Sendinblue) :
Brevo, anciennement connu sous le nom de Sendinblue, est un acteur majeur du marketing par email. Avec une interface conviviale et des fonctionnalités robustes, il a su se réinventer pour répondre aux besoins changeants des marketeurs.

- **Points forts :**
  - Interface intuitive
  - Excellent rapport qualité-prix
  - Outils d'automatisation avancés
- **Idéal pour :**
  - Les PME cherchant à optimiser leur marketing par email
  - Les débutants en marketing par email
- **À considérer :**
  - La courbe d'apprentissage pour certaines fonctionnalités avancées

2. Mailchimp :
Mailchimp est l'un des logiciels d'emailing les plus populaires depuis des années. Il offre une gamme complète d'outils pour aider les entreprises à créer, envoyer et analyser leurs campagnes par email.

L'avantage de donner des exemples et des éléments de contexte à ChatGPT est d'éviter de le laisser partir dans la mauvaise direction ou qu'il reste trop générique.

La méthode « ACTIF·VE »

La prochaine question à se poser est de savoir ce qu'est « un bon prompt ». La définition va varier selon votre domaine de prédilection et votre expérience avec l'utilisation de ChatGPT, mais d'après mon expérience, il y a sept éléments qui vont constituer l'essence d'un prompt de qualité.

- **action** (la tâche) ;
- **contexte** (exemples, modèles et contraintes) ;
- **tonalité** (style) ;
- **identité** (rôle) ;
- **format** (résultat) ;
- **validation** (amélioration) ;
- **étapes** (processus).

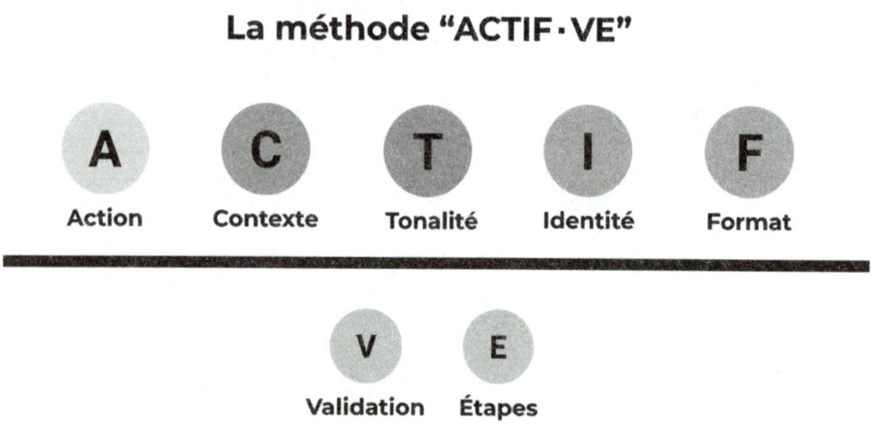

À noter qu'il n'est pas obligatoire d'utiliser ces éléments dans cet ordre précisément. Par exemple, je commence souvent mes prompts par le rôle (correspondant à « identité » dans le modèle), car c'est l'élément le plus facile avec lequel commencer.

Par ailleurs, si la réponse n'est pas satisfaisante pour vous, essayez de trouver de nouvelles formulations et d'identifier quel élément de votre prompt n'était pas suffisamment clair pour ChatGPT.

Pour bien comprendre cette méthode, nous allons voir ensemble un exemple concret pour le décortiquer et cerner l'intérêt de chacun de ces facteurs.

Exemple concret : identifier des persona

C'est pour moi l'exemple idéal, car il est simple à appliquer, potentiellement utile pour tous les métiers et nous allons réutiliser ces résultats tout au long de ce chapitre.

Pour rappel, un persona est un concept utilisé en marketing pour représenter via un personnage fictif le public cible potentiellement intéressé par notre offre ou produit.

Ce prompt contient tous les éléments principaux, à savoir action, contexte, tonalité, identité et format (ACTIF). Pour les notions de validation et d'étapes (VE), nous les verrons dans un second exemple.

```
Tu es un directeur marketing expérimenté, spécia-
lisé en création de persona.
Identifie 3 persona qui ont le plus de chance d'acheter
notre produit.

Notre produit est une formation en ligne pour inté-
grer ChatGPT en entreprise intitulée "Maîtriser
ChatGPT".

Voici les éléments clés de la formation :
- 3 heures de vidéos en ligne pour maîtriser ChatGPT ;
– les méthodes avancées de prompt ;
– une certification reconnue ;
– des prompts pour gagner en productivité.

Utilise un style direct et sans fioritures.

Pour chaque persona, indique les éléments sui-
vants : âge, intérêts, indicateurs démographiques,
valeurs, besoins, canaux d'information, objectifs
et défis actuels, processus de prise de décision,
comportement décisionnel, citation typique.

Ta réponse doit être uniquement un tableau qui
inclut ces 3 persona avec les différentes carac-
téristiques (une colonne par persona et une ligne
par caractéristique).
```

Et voici le résultat obtenu de la part de ChatGPT. C'est cohérent et nous donne des pistes pertinentes.

Caractéristique	Persona 1 : Le Manager Innovant	Persona 2 : Le Développeur Curieux	Persona 3 : Le Formateur Digital
Âge	35-50 ans	25-35 ans	30-45 ans
Intérêts	Technologie, management, innovation	Développement, IA, automatisation	E-learning, tech, formation
Indicateurs démographiques	Directeur, cadre supérieur	Développeur, ingénieur	Formateur, consultant
Valeurs	Efficacité, leadership, innovation	Apprentissage continu, autonomie	Adaptabilité, expertise
Besoins	Outils pour améliorer la productivité, formation continue	Nouvelles compétences, outils innovants	Contenus pédagogiques, certifications
Canaux d'information	Webinaires, conférences, réseaux professionnels	Forums, blogs tech, GitHub	Plateformes e-learning, réseaux sociaux professionnels
Objectifs et défis actuels	Intégrer de nouvelles technologies, rester compétitif	Maîtriser les outils les plus récents, se démarquer	Proposer des formations actuelles, se renouveler
Processus de prise de décision	Consultation d'avis d'experts, ROI	Recherche personnelle, essais	Besoin du marché, feedback des apprenants
Comportement décisionnel	Prudent, orienté résultats	Expérimental, rapide	Basé sur la demande, flexible
Citation typique	"Comment puis-je améliorer l'efficacité de mon équipe?"	"Quel est le dernier outil à la mode?"	"Comment puis-je rendre ma formation plus pertinente?"

Je tiens à préciser que les résultats de ce prompt ne pourront pas remplacer une véritable recherche sur le terrain ni une réflexion sur ces persona. C'est néanmoins un point de départ intéressant, et mène à une réflexion. Cela d'autant plus que ces résultats peuvent être utilisés pour spécifier le contexte d'autres prompts qui suivront.

Nous allons maintenant décomposer toutes les parties de ce prompt.

Identité (rôle)

Donner un rôle à suivre à ChatGPT est l'un des premiers enseignements importants quand on réalise un prompt. Il faut bien comprendre que, lorsqu'il nous prépare une réponse, ChatGPT sélectionne parmi un grand nombre de possibilités et pour un public ayant des niveaux de compréhension différents. Par exemple, si je lui demande de m'expliquer comment coder une application, sa réponse sera différente s'il doit agir comme un « débutant » ou un « expert ».

En lui indiquant un rôle, vous permettez à ChatGPT de mieux comprendre quel type de réponse apporter. Il pourra ainsi fournir un meilleur résultat. Comme nous avons souvent besoin d'aide, nous lui demandons fréquemment de parler en tant qu'expert. Dans ce cas précis, je parle de son expérience, mais également de ses compétences spécifiques.

```
Tu es un directeur marketing expérimenté, spécia-
lisé en création de persona.
```

Petite précision qui a son importance. Le poids des mots peut avoir un impact sur la qualité des résultats. Dans les exemples indiqués en anglais, on voit généralement le « *act as* » pour définir un rôle. Or, on ne veut pas juste que ChatGPT « prétende » être un expert, mais qu'il le soit ! Par exemple, « Tu es un expert marketing ». Cette petite nuance peut légèrement améliorer vos résultats. Sa réponse sera ainsi différente si on lui indique d'être un débutant. Dans certains cas, cela a son importance.

Action : la tâche à effectuer

C'est grosso modo l'essence du prompt, à savoir la tâche que l'on demande à ChatGPT de réaliser. De manière générale, il est recommandé de ne pas lui demander qu'une solution, mais plusieurs réponses possibles. Cela le force à « réfléchir » et vous avez ainsi le choix entre plusieurs options.

```
Identifie 3 persona qui ont le plus de chance d'acheter
notre produit.
```

N'hésitez pas à être très directif dans la tâche que vous demandez à ChatGPT. Cela permet d'éviter qu'il s'égare par rapport à vos attentes.

Contexte : exemples, modèles et contraintes

S'il y a bien un endroit où vous pouvez faire la différence dans la qualité de vos prompts, c'est dans la partie liée au contexte.

Dans notre exemple, j'ai ajouté des informations sur le produit en tant que tel et des éléments que j'estime importants. Il faut toujours garder à l'esprit que les éléments de contexte doivent être adaptés à votre réalité et à vos besoins.

```
Notre produit est une formation en ligne pour inté-
grer ChatGPT en entreprise intitulée "Maîtriser
ChatGPT".

Voici les éléments clés de la formation :
– 3 heures de vidéos en ligne pour maîtriser ChatGPT ;
– les méthodes avancées de prompt ;
– une certification reconnue ;
– des prompts pour gagner en productivité.
```

Parmi les éléments de contexte que vous pouvez ajouter, voici une liste non exhaustive (à adapter selon votre tâche et vos besoins) :

- **public cible :** à qui s'adresse le contenu généré ;
- **exemples :** utile pour que ChatGPT s'en inspire ;
- **contraintes :** longueur de la réponse, éléments à ne pas prendre compte, style, etc. ;
- **problématique :** expliquer les enjeux de la demande ;
- **objectifs visés :** bien définir l'objectif derrière le prompt ;
- **benchmark :** citer de bonnes pratiques ;
- **mots clés :** si vous souhaitez que certains termes spécifiques soient utilisés ;
- **méthodes :** quelle méthode doit suivre ChatGPT pour répondre à la demande.

Si vous maîtrisez cette notion de contexte à donner à ChatGPT, vous lui ferez faire un bond en avant important dans la qualité de ses réponses.

Méga-prompt

Un spécialiste de l'IA américain, Justin Fineberg[2], a avancé le concept de « méga-prompt » pour expliquer l'importance des éléments de contexte dans la création d'un prompt. Au-delà du nom sympathique et évocateur, il propose de ne pas hésiter à donner le plus d'informations possible à ChatGPT lors de la création d'un prompt. Depuis lors, on a remarqué l'impact positif dans le résultat des réponses.

Appliquer des méthodes et modèles

Pour aider ChatGPT à construire la meilleure réponse, vous pouvez lui demander d'appliquer les meilleures méthodes par domaine. Cela donne un fil conducteur à ChatGPT et permet de structurer sa réponse.

Par exemple, vous pouvez lui demander d'écrire un texte en appliquant les meilleures méthodes de *copywriting* pour le rendre percutant :

```
Tu es un copywriter confirmé spécialisé dans les
accroches percutantes pour un article intitulé
« ChatGPT pour les nuls ».

Rédige 3 accroches percutantes pour un article en
150 mots maximum en utilisant ces 3 méthodes :
1. AIDA (Attention, Interest, Desire, Action) ;
2. PAS (Problem, Agitate, Solution) ;
3. BAB (Before, After, Bridge).

Réponds par un tableau uniquement.
```

2. linkedin.com/posts/justin-fineberg_mega-prompting-guide-for-chatgpt-activity-7055932584077193217-laqC

Voici la réponse obtenue. Vous avez maintenant plusieurs pistes à disposition.

Bien sûr, voici trois accroches basées sur les méthodes que vous avez mentionnées :

Méthode	Accroche
AIDA	**Attention :** Vous avez entendu parler de ChatGPT ? **Intérêt :** Découvrez comment cette technologie révolutionne la communication. **Désir :** Imaginez pouvoir converser avec une intelligence artificielle presque humaine. **Action :** Plongez dans notre article et maîtrisez ChatGPT dès aujourd'hui !
PAS	**Problème :** Vous vous sentez dépassé par les avancées en IA ? **Agiter :** Vous n'êtes pas le seul à vous demander comment tout cela fonctionne. **Solution :** "ChatGPT pour les nuls" est votre guide pour comprendre et utiliser cette technologie étonnante.
BAB	**Avant :** L'IA était un concept complexe réservé aux experts. **Après :** Avec ChatGPT, elle est à la portée de tous. **Pont :** Découvrez comment dans notre article détaillé "ChatGPT pour les nuls".

Contraintes

Une manière très efficace de cadrer ChatGPT est de lui donner des contraintes. D'une certaine manière, cela l'oblige à se concentrer sur l'essentiel. Voici des contraintes que vous pouvez imposer à ChatGPT :

- le nombre de mots ;
- la manière de traiter le sujet ;
- le genre et le style ;
- un public en particulier ;
- le sujet ;
- et d'autres plus spécifiques.

N'hésitez pas à tester des contraintes supplémentaires pour découvrir des éléments dans la réponse.

Tonalité (style)

Nous avons toutes et tous été surpris par le style d'écriture que pouvait prendre ChatGPT dans ses réponses. Parfois trop générique, trop enthousiaste ou carrément à côté de la plaque, l'écriture sans cadre défini est souvent problématique.

Une manière de résoudre ce souci de rédaction est de définir clairement le style d'écriture attendu. Cela peut être effectué de manière basique ou plus complète selon la situation.

Tonalités basiques

Au niveau le plus basique, vous pouvez demander à ChatGPT d'appliquer un style, le plus souvent en lui indiquant un ou plusieurs adjectifs pour lui dicter sa personnalité. Voici quelques exemples de style dans ce tableau.

24 tonalités à demander à ChatGPT

Créatif	Professionnel	Critique	Analytique
Métaphorique	Informatif	Direct	Factuel
Storyteller	Professionnel	Critique	Logique
Optimiste	Formel	Sincère	Objectif
Empathique	Persuasif	Examinateur	Précis
Passionné	Explicatif	Cynique	Rigoureux
Créatif	Concis	Rugueux	Data-driven

N'hésitez pas à employer plusieurs adjectifs pour nuancer ou souligner le style. Par exemple, « un style professionnel, concis et informatif ».

Une petite astuce qui est souvent utilisée, mais toujours efficace : vous pouvez demander à ChatGPT d'écrire sa réponse pour qu'un enfant de 10 ans puisse comprendre (ou de n'importe quel âge). C'est bien pratique pour synthétiser un concept ou une problématique complexe de manière intelligible.

Tonalités complètes

Vous le verrez en expérimentant avec ChatGPT, nous avons parfois beau lui indiquer de ne pas être enthousiaste, il persévère dans un style qui ne nous convient pas. Dans ce cas de figure, n'hésitez pas à lister toute une série d'indications pour bien cadrer son style.

Voici une liste de commandes que j'indique à ChatGPT pour éviter qu'il ne me donne des éléments inutiles.

```
Ton style d'écriture est :
- actionnable ;
- sans fioritures ;
- accessible.

Quand cela est possible, essaie d'utiliser un lan-
gage simple, facile à comprendre et de rester concis.
```

N'hésitez pas à créer les vôtres selon vos besoins et de les enregistrer pour pouvoir les réutiliser.

Je rappelle qu'avec l'arrivée de Custom Instructions en France en août 2023, il est désormais possible d'indiquer des informations de style qui sont appliquées à toutes les nouvelles conversations. C'est un gain de temps considérable !

Format (résultat)

Bien définir le format de la réponse de ChatGPT a deux avantages majeurs. Le premier est d'obtenir exactement la forme que l'on souhaite sans devoir trop la retravailler.

Le second avantage est de forcer ChatGPT à être concis dans sa réponse et de la rendre plus lisible. C'est d'ailleurs pour cela que je demande fréquemment des réponses sous forme de tableau, car elles sont plus compréhensibles.

Dans notre exemple des persona, le format tableau prend tout son sens, car il permet de comparer les trois exemples présentés en un coup d'œil.

```
Ta réponse doit être uniquement un tableau qui
inclut ces 3 persona avec les différentes carac-
téristiques (une colonne par persona et une ligne
par caractéristique).
```

Vous pouvez demander plusieurs types de format à ChatGPT. Voici mes favoris dans cette liste non exhaustive :

- liste ;
- tableau ;
- *markdown* (un format utilisé en informatique à l'origine, mais permettant de créer des articles avec des titres et sections bien différenciés et lisibles dans ChatGPT) ;
- guide d'utilisation ;
- plan de formation ;
- analyse SWOT ;
- discours ;
- contenu d'un PowerPoint ;
- FAQ ;
- quiz ;
- script ;
- *roadmap*.

N'hésitez pas à demander des formats différents pour la même demande afin de trouver des réponses inattendues.

Une astuce intéressante est de demander à ChatGPT de créer un plan de formation sur une thématique que vous ne connaissez pas pour mieux la comprendre.

Validation et étapes

Cette technique permet de répondre à la question de départ, mais cette fois-ci en plusieurs étapes que nous décrivons une à une dans le prompt.

Pour illustrer les notions de validation et d'étapes, nous allons garder l'exemple de persona, mais allons utiliser une méthode en plusieurs étapes, avec, pour chacune d'elles, une validation avant de passer à la suivante.

Voici donc notre prompt précédent, mais cette fois-ci sous forme d'étapes, avec validation à chacune d'entre elles.

```
Tu es un directeur marketing expérimenté, spécia-
lisé en création de persona. Tu m'aideras à créer
des persona pour mon produit.

Pour répondre, tu suivras 4 étapes. À la fin de
chacune des étapes, tu me poseras des questions
pour améliorer ta réponse et tu me demanderas si
je valide l'étape. Ensuite, tu passeras à l'étape
suivante quand je te dirai : OK.

Étape 1 : Tu vas me demander les caractéristiques
du produit et la proposition de valeur.

Étape 2 : À partir des caractéristiques et propo-
sition de valeur, tu vas m'identifier 3 persona
qui sont le plus susceptible d'acheter le produit.
Pour chaque persona, indique les éléments sui-
vants : âge, intérêts, indicateurs démographiques,
```

```
valeurs, besoins, canaux d'information, objectifs
et défis actuels, processus de prise de décision,
comportement décisionnel, citation typique.

Étape 3 : En te basant sur les caractéristiques de
persona sélectionnés, crée un tableau qui inclut
ces 3 persona avec les différentes caractéris-
tiques (une colonne par persona et une ligne par
caractéristique).

Étape 4 : En te basant sur les éléments du tableau
généré, propose des actions marketing concrètes
pour donner envie à chaque persona d'acheter le
produit. Complète le tableau avec ta proposition.
```

L'immense avantage de cette manière de procéder est que cela nous amène plus de flexibilité et de contrôle dans nos résultats. À chaque étape, vous pouvez ajuster le tir, sans devoir tout recommencer.

Merci pour ces informations.

Proposition de valeur :
Offrir une formation complète et certifiée pour maîtriser ChatGPT, avec des méthodes avancées de prompt et des outils pratiques pour augmenter la productivité.

Questions supplémentaires pour affiner ma compréhension :

1. À qui s'adresse principalement cette formation ? (ex. : professionnels du marketing, développeurs, étudiants, etc.)
2. Quel est le prix de cette formation ?
3. Y a-t-il des prérequis pour suivre cette formation ?
4. Quels sont les principaux avantages pour quelqu'un qui termine cette formation ? (ex. : amélioration des compétences, avancement professionnel, etc.)

Une fois que vous aurez répondu à ces questions, je vous demanderai si vous validez cette étape avant de passer à la suivante.

MA OK

Parfait, merci pour votre validation.

Étape 2 : Identification des 3 personas

À partir des caractéristiques et de la proposition de valeur que vous avez fournies, je vais identifier 3 personas qui sont les plus susceptibles d'être intéressées par votre formation sur ChatGPT.

Persona 1 : Le professionnel du marketing digital

- Âge : 25-35 ans
- Intérêts : Marketing digital, automatisation, chatbots, innovation technologique
- Indicateurs démographiques : Diplômé en marketing ou communication, travaille dans une entreprise de taille moyenne ou grande
- Valeurs : Efficacité, innovation, apprentissage continu

Ma préconisation est de toujours réfléchir à une manière de générer des réponses étape par étape. Cela prend un peu plus de temps en amont pour bien penser à toutes les étapes, mais les résultats en sont d'autant meilleurs. Voici ce qu'on obtient.

Étape 4 : Propositions d'actions marketing

En me basant sur les éléments du tableau généré, je vais proposer des actions marketing concrètes pour chaque persona.

Caractéristique	Professionnel du marketing digital	Développeur freelance	Étudiant en technologie
Actions marketing			
Contenu	Articles de blog sur l'importance des chatbots dans le marketing	Tutoriels techniques sur l'intégration de ChatGPT	Webinaires sur les débouchés professionnels avec ChatGPT
Publicités	Ciblage sur LinkedIn avec des témoignages d'autres professionnels	Publicités sur Stack Overflow et forums techniques	Publicités sur des plateformes d'apprentissage en ligne
Partenariats	Collaboration avec des influenceurs du marketing digital	Partenariat avec des plateformes de freelance	Collaboration avec des universités pour des offres spéciales
Événements	Webinaires sur les tendances du marketing digital avec ChatGPT	Ateliers techniques en ligne	Salons de l'emploi et forums étudiants
Offres spéciales	Réduction pour les entreprises de plus de 10 employés	Bundle avec d'autres outils pour développeurs	Réduction pour les étudiants

Explications :

- **Professionnel du marketing digital** : Mettre l'accent sur l'importance des chatbots dans le marketing, utiliser des plateformes professionnelles comme LinkedIn pour le ciblage, et collaborer avec des influenceurs du domaine.
- **Développeur freelance** : Proposer des tutoriels techniques pour montrer la facilité d'intégration de ChatGPT, cibler des plateformes spécifiques aux développeurs, et offrir des bundles avec d'autres outils pertinents.
- **Étudiant en technologie** : Mettre en avant les débouchés professionnels après avoir maîtrisé ChatGPT, collaborer avec des universités pour des offres spéciales, et cibler des plateformes d'apprentissage en ligne.

L'une des inspirations pour cette méthode de validation est celle de la chaîne de réflexion. Je vous propose de regarder plus en détail ce concept théorique, qui pourra vous être très utile.

La chaîne de réflexion

Pour obtenir de meilleurs résultats, nous pouvons forcer ChatGPT à réfléchir à des points précis via quelques échanges en amont, puis de lui poser la question que nous aurions indiquée au préalable. Les résultats obtenus de cette manière sont souvent plus pertinents, car nous avons accompagné ChatGPT vers la meilleure réponse.

Cette méthode s'appelle la chaîne de réflexion (*chain of thought*)[3]. Il s'agit de décomposer des tâches complexes en plusieurs étapes dans l'espoir que l'IA fournisse un résultat plus concret, plus personnalisé et donc globalement meilleur.

Cette méthode permet également de gagner du temps. Si vous remarquez que ChatGPT s'engage sur une mauvaise voie lors de sa réponse, vous pouvez faire les ajustements nécessaires avant que le texte complet ne soit généré.

Comme exemple, nous allons utiliser la génération d'un *business plan*, tâche complexe en soi, mais atteignable grâce à la technique de la chaîne de réflexion. L'idée est de consulter

3. promptingguide.ai/techniques/cot

ChatGPT pour chaque étape pour qu'il puisse nous fournir un élément complet au final.

```
Agis comme un générateur de business plan.
Crée-moi la structure d'un business plan complet.
Nous allons le remplir étape par étape.

À la fin de chaque étape du business plan, pose-moi
toutes les questions sur les éléments dont tu as
besoin pour remplir le chapitre suivant.

Le résumé exécutif sera la dernière section traitée.
```

Voici le résultat obtenu avec les questions correspondantes pour remplir la première partie.

GPT-4

MA

Agis comme un générateur de Business Plan.
Crée-moi la structure d'un business plan complet.
Nous allons le remplir étape par étape.
À la fin de chaque étape du business plan,
1) Génère-moi la section selon mes réponses
2) Pose-moi toutes les questions sur les éléments dont tu as besoin pour remplir le chapitre suivant.
Le résumé exécutif sera la dernière section traitée.

D'accord, voici la structure générale d'un business plan complet:

1. Présentation de l'entreprise
2. Description du produit ou du service
3. Analyse du marché
4. Plan de marketing et de vente
5. Analyse de la concurrence
6. Organisation et management
7. Structure financière et projections financières
8. Résumé exécutif (que nous compléterons en dernier, selon vos indications)

Commençons par la première section.

Section 1: Présentation de l'entreprise
Cela devrait inclure le nom de l'entreprise, le type de structure juridique, l'histoire de l'entreprise, sa mission, sa vision et ses valeurs, ainsi que son emplacement.

Voici mes questions pour cette section :

1. Quel est le nom de votre entreprise?
2. Quel est le type de structure juridique de votre entreprise? (Ex: SAS, SARL, auto-entrepreneur...)
3. Pouvez-vous me donner une brève histoire de votre entreprise?
4. Quelle est la mission de votre entreprise?
5. Quelle est la vision de votre entreprise?
6. Quelles sont les valeurs de votre entreprise?

Il ne reste plus qu'à répondre aux questions posées par ChatGPT pour qu'il puisse remplir cette partie, et ainsi de suite jusqu'à ce que le *business plan* soit rempli.

MA

Nom : Outilia
Marché cible : Tous les entrepreneurs francophones souhaitant se former à ChatGPT
Concurrents : Formations ChatGPT proposées par d'autres instituts de formation
Tendance : Forte croissance de la demande d'ici à la fin de l'année
Avatange : Expertise développée depuis les début de ChatGPT. Communauté de 200'000 personnes.

Merci pour vos réponses. Voici comment la première section du business plan pourrait être rédigée :

Section 1: Présentation de l'entreprise

Outilia est une entreprise dédiée à la formation en ChatGPT, ciblant tous les entrepreneurs francophones qui souhaitent se former à cette technologie innovante. La société a été fondée par des experts de la technologie ChatGPT qui ont développé une expertise depuis ses débuts. Située en France, l'entreprise opère principalement en ligne pour atteindre sa large communauté de 200 000 personnes.

La mission d'Outilia est de fournir une formation de haute qualité et accessible sur ChatGPT, permettant ainsi aux entrepreneurs de maximiser leur potentiel en utilisant cette technologie. En ayant une vision de devenir le principal institut de formation en ChatGPT pour les entrepreneurs francophones, Outilia s'appuie sur des valeurs de qualité, d'innovation et d'inclusivité.

Malgré la concurrence d'autres instituts de formation proposant des cours sur ChatGPT, Outilia se démarque par son expertise approfondie et sa vaste communauté. Les tendances du marché indiquent une forte croissance de la demande de formation en ChatGPT, ce qui positionne Outilia pour une croissance significative d'ici la fin de l'année.

Pour rappel, la mémoire de ChatGPT est de 3 000 mots pour la version gratuite et de 6 000 mots pour la version payante. Il faudra ainsi envisager la possibilité de rappeler les éléments clés à ChatGPT dans le fil de la discussion, ou d'en entamer une nouvelle avec les informations importantes pour continuer de générer le *business plan*.

Message de suivi (*follow-up message*)

Quand je faisais de l'athlétisme, plus précisément du 110 mètres haies, mon entraîneur me rabâchait de ne jamais me déconcentrer jusqu'à ce que la dernière haie soit passée. Ne l'ayant écouté que d'une oreille (les joies de la jeunesse), j'ai évidemment buté sur le dernier obstacle d'une course que j'aurais dû gagner.

La sagesse de mon entraîneur s'applique très bien aux techniques de prompt. Vous avez fait 90 % du travail en mettant le contexte bien en place avec de nombreux exemples et vous avez amené ChatGPT à raisonner comme vous le souhaitez. Si vous ne faites pas de message de suivi (*follow-up message*), vous perdez souvent une occasion d'obtenir encore plus de valeur de la part de l'outil.

Pour vous illustrer l'idée, prenons un exemple de prompt bien constitué dans le cadre d'une analyse. Cette technique a été trouvée par Guillaume Moubeche[4], cofondateur de Lemlist.

Voici un prompt où j'ai utilisé le plugin WebPilot pour prendre les éléments d'une page web. À noter que vous

4. Guillaume Moubeche, « Can review sites be your secret weapon against competitors ? », Profit-Led Growth, 10 juillet 2023, URL : growth-elite.com/content-hub/can-review-sites-be-your-secret-weapon-against-competitors

pouvez simplement copier-coller les textes pertinents des pages web si vous avez la version gratuite de ChatGPT, cela fonctionne également.

```
Visite le site brevo.com/fr, un logiciel e-mailing
nommé Brevo et analyse les fonctionnalités de ce
logiciel en détail.

Recherche sur le web :

1. les 3 logiciels e-mailing offrant des fonction-
   nalités similaires ;
2. les notes des utilisateurs de ces logiciels sur
   Capterra.

Crée un tableau contenant les catégories suivantes :
– le nom de l'entreprise ;
- l'URL ;
- les notes des logiciels.

Réponds uniquement sous forme de tableau.
```

Voici sa réponse sous forme de tableau.

Voici le tableau contenant les informations demandées :

Nom de l'entreprise	URL	Notes des logiciels
Brevo	brevo.com/fr	4,5/5 (1736 avis)
HubSpot Marketing Hub	Site Web	4,5/5 (5651 avis)
Salesforce Marketing Cloud	Site Web	4,2/5 (373 avis)
ActiveTrail	Site Web	4,3/5 (18 avis)

Notez que les liens pour HubSpot Marketing Hub, Salesforce Marketing Cloud et ActiveTrail mènent tous au répertoire général de Capterra pour les logiciels d'email marketing. Vous pouvez cliquer sur ces liens pour accéder aux pages spécifiques de chaque logiciel et obtenir plus d'informations.

La plupart des utilisateurs se contenteraient des résultats (qui sont effectivement satisfaisants). Nous sommes pourtant à un message simple d'obtenir bien plus de valeur en effectuant la demande suivante :

```
Tu es un commercial expert en vente de logiciels
e-mailing.

Sur la base des informations que tu as récoltées
dans le tableau sur les concurrents, trouve les
faiblesses de chaque concurrent à l'aide des cri-
tiques de sites web.

Utilise ton analyse pour établir une stratégie
sur la manière dont Brevo peut se différencier de
chacun des concurrents.
```

Voici le résultat sur un concurrent, avec plusieurs pistes très intéressantes.

Sur la base des critiques de Salesforce Marketing Cloud sur Capterra, voici une analyse des faiblesses de ce concurrent et comment Brevo peut se différencier :

Salesforce Marketing Cloud (SMC) :

* **Faiblesses identifiées :**
  1. Configuration complexe nécessitant beaucoup de temps et d'argent.
  2. Reporting limité, en particulier pour les parcours clients.
  3. Problèmes de connexion sans Internet.
  4. Coût élevé pour les petites entreprises.
  5. Difficulté d'apprentissage et maîtrise de toutes ses fonctionnalités.
  6. Problèmes de performance et lenteur.
  7. Service client parfois non réactif.
  8. Problèmes de cohérence et d'intégration entre différentes fonctionnalités.
  9. Difficulté d'entrée et de maintenance des données.
* **Stratégie de différenciation pour Brevo :**
  1. **Facilité d'installation et de configuration :** Brevo pourrait offrir une plateforme plus intuitive et facile à configurer, réduisant ainsi le besoin d'externaliser ou d'embaucher des experts.
  2. **Reporting avancé :** Brevo pourrait mettre en avant des outils de reporting plus avancés et flexibles, en particulier pour les parcours clients.
  3. **Fonctionnement hors ligne :** Proposer des fonctionnalités qui fonctionnent même sans connexion Internet.
  4. **Tarification flexible :** Offrir des plans tarifaires adaptés aux petites entreprises tout en fournissant des fonctionnalités puissantes.
  5. **Formation et support :** Proposer des formations régulières et un support client réactif pour aider les utilisateurs à maîtriser la plateforme.
  6. **Performance optimisée :** Assurer une plateforme rapide et réactive.
  7. **Intégration transparente :** Assurer que toutes les fonctionnalités de Brevo fonctionnent harmonieusement ensemble.
  8. **Gestion des données simplifiée :** Proposer des outils pour faciliter l'entrée et la maintenance des données.

Le créateur de prompt

C'est l'une de mes techniques favorites qui part du constat suivant : pourquoi ne pas demander à ChatGPT lui-même le meilleur prompt possible pour résoudre notre problème ? Difficile de trouver un prompt plus utile que celui-ci !

Il existe plusieurs manières de mettre en place un « créateur de prompts », mais celle-ci a fait ses preuves. Voici un exemple de résultat obtenu.

L'idée est de passer dans un mode itératif et d'améliorer continuellement le prompt selon vos besoins spécifiques. ChatGPT va réviser le prompt à chaque étape jusqu'à ce que vous soyez satisfait du résultat.

Le prompt à copier

```
Je souhaite que tu deviennes mon créateur de prompts.

Ton objectif est de m'aider à créer le meilleur
prompt ChatGPT.

Suis le processus suivant :

• Demande-moi le sujet du prompt.
• Je te fournirai la réponse. Nous allons l'amé-
  liorer via les étapes suivantes.

Sur la base de mes commentaires, tu produiras 2 sections :

1. prompt révisé (il doit être clair, concis et
   compréhensible) ;
2. questions pertinentes pour améliorer le prompt.
```

```
Nous poursuivrons ce processus itératif :

• Je te fournirai des informations supplémentaires.
• Tu mettras à jour le prompt dans la section
  « Prompt révisé ».

Je dirai « FIN » quand le processus sera terminé.
```

Cette notion de prompt révisé fait toute la force de la démarche, car elle vous permet d'aller aussi loin que vous le souhaitez selon les questions de ChatGPT.

À nouveau, selon la longueur de votre discussion, pensez à rappeler les éléments clés de la discussion pour éviter tout oubli de la part de ChatGPT. Voici un exemple de résultat du prompt.

MA créer un email de prospection pour un nouveau client potentiel

Merci pour le sujet.

Prompt initial :
"Rédigez un email de prospection pour un nouveau client potentiel."

Prompt révisé :
"Rédigez un email de prospection destiné à un nouveau client potentiel pour présenter votre entreprise et vos services."

Questions pertinentes pour améliorer le prompt :

1. Quel est le secteur d'activité de votre entreprise ?
2. Quels sont les principaux avantages ou points forts de votre entreprise que vous souhaitez mettre en avant ?
3. Y a-t-il des offres ou promotions spéciales que vous souhaitez inclure dans l'email ?
4. Souhaitez-vous ajouter un appel à l'action spécifique à la fin de l'email (par exemple, une invitation à une réunion ou un appel) ?

Veuillez fournir des informations supplémentaires en fonction des questions ci-dessus ou de tout autre détail que vous jugez pertinent.

MA 1. Je propose des formations en ligne pour maitriser ChatGPT en entreprise.

Merci pour cette précision.

Prompt révisé :
"Rédigez un email de prospection destiné à un nouveau client potentiel pour présenter votre entreprise spécialisée dans les formations en ligne pour maîtriser ChatGPT en entreprise. Mettez en avant les avantages de votre formation."

Au fur et à mesure de la discussion, le prompt prend de l'ampleur et gagne en détail. Vous obtenez ainsi un prompt sur mesure que vous pouvez réutiliser dans une nouvelle discussion.

Maintenant que vous connaissez toutes les techniques utiles pour réaliser des prompts, je vous encourage à pratiquer le plus possible pour vous améliorer. Vous gagnerez en rapidité d'exécution, et parviendrez à résoudre de plus en plus de problèmes grâce à ChatGPT.

« Il n'y a rien de négatif dans le changement,
si c'est dans la bonne direction. »
– Winston Churchill

PARTIE 4

QUELLES TÂCHES DÉLÉGUER À CHATGPT ?

C'est tout l'enjeu de ce livre, comprendre quelles tâches peuvent être déléguées à ChatGPT. Et vous verrez, l'action est bien plus complexe qu'il n'y paraît ! Je préfère vous prévenir tout de suite, si vous espérez déléguer des tâches complexes en un seul prompt de quelques lignes, vous serez déçu. Il est important de passer par une étape d'évaluation et de construction de la solution.

On m'a posé l'autre jour une question intéressante : « Pourquoi prendre le temps d'écrire un prompt pour ChatGPT alors que je peux résoudre le problème moi-même en quelques minutes ? » Si la tâche est ponctuelle et ne reviendra plus jamais, effectivement, vous pouvez vous passer de ChatGPT. En revanche, si la tâche ou ce type de tâche arrive plus fréquemment, vous avez tout intérêt à réfléchir à la manière dont ChatGPT peut vous aider pour la réaliser.

Un phénomène que j'ai constaté est qu'en passant du temps à réfléchir à un prompt pour résoudre une tâche, vous devenez bien meilleur et efficace. Cela peut vous servir pour d'autres tâches plus urgentes. Le vieil adage « c'est en forgeant que l'on devient forgeron » est particulièrement approprié à cette situation.

Cette question toute bête au premier abord est pourtant clé dans la compréhension de l'IA et de son intégration en entreprise. Et cela, tant au niveau de l'organisation que du collaborateur dans sa pratique professionnelle. Quelles tâches puis-je vraiment déléguer à ChatGPT ?

Lors d'une discussion avec un client, il me demandait pourquoi ChatGPT était si mauvais pour répondre à des problèmes mathématiques. Ma réponse a été la suivante : « Au lieu de s'attarder sur ce que ChatGPT ne peut pas faire, concentrons-nous sur ce qu'il peut réaliser ! »

Avant de lui demander des tâches, il faut s'intéresser aux forces de ChatGPT. Cela nous permettra de mieux savoir quelles tâches lui demander (et lesquelles éviter).

Comprendre les forces de l'IA

J'ai listé les sept types d'actions où l'outil est particulièrement efficace.

1. **Analyser et synthétiser**. ChatGPT excelle dans l'interprétation rapide de données et dans leur présentation sous une forme compréhensible. Les informations volumineuses peuvent être condensées en résumés concis. Pour

rappel, le nombre de mots maximum pour la version gratuite de ChatGPT est de 3 000. Pour la version payante, nous pouvons aller jusqu'à 6 000 mots. D'ailleurs, la fonctionnalité Advanced Data Analysis permet de téléverser des fichiers Word et PDF bien plus facilement.

2. **Appliquer un modèle.** ChatGPT peut suivre des structures prédéfinies (comme AIDA en *copywriting* : attention, intérêt, désir, action).

3. **Traduire et corriger.** Donnez-lui un texte à traduire ou à corriger.

4. **Compléter.** Si vous avez déjà créé le début du contenu (code, texte, PV, etc.), ChatGPT peut le compléter.

5. **Rédiger selon un contexte précis.** Si vous pouvez donner des exemples concrets et un contexte, ChatGPT pourra vous aider. Par exemple, e-mails standards, discours, PPT, FAQ, etc.

6. **Générer des idées et conseiller.** ChatGPT est parfait pour un *brainstorming*, pour trouver de nouvelles idées, établir des plans de formation. Vous pouvez lui demander de jouer le rôle d'un expert pour obtenir un avis et une critique constructive.

7. **S'inclure dans une automatisation.** Certaines tâches standardisées peuvent être automatisées via des outils dédiés. ChatGPT peut être intégré dans cette automatisation.

Dès que vous sortez de ces canaux, vous risquez de voir une baisse dans la qualité des réponses. Cela amène de la frustration par manque de compréhension des capacités de l'outil.

À noter que les plugins ont apporté une plus grande flexibilité et permettent à ChatGPT de répondre à d'autres besoins. À titre d'exemple, il est possible de générer des vidéos d'avatar avec HeyGen, ou d'effectuer des calculs mathématiques avec Wolfram Alpha. Cela ouvre un nouveau champ de possibilités, mais je vous propose que nous nous concentrions sur les fonctionnalités de base de ChatGPT dans un premier temps.

Une règle imparable

Lors d'une formation, un participant est venu vers moi pour partager une règle qu'il applique systématiquement pour savoir si une tâche pouvait être déléguée à ChatGPT. Elle est toute simple, mais diablement efficace !

L'idée est la suivante : **si vous avez une tâche dans votre to-do list depuis plusieurs semaines qui n'est jamais traitée, demandez à ChatGPT de le faire pour vous !**

Si c'est une tâche que vous gardez, c'est qu'elle est suffisamment importante, mais pas suffisamment pour la traiter tout de suite. Je parie que ChatGPT pourra vous aider. De la même manière, si vous avez un e-mail non traité qui traîne depuis longtemps dans votre boîte de réception, pensez à passer par ChatGPT, vous pourriez être surpris du résultat.

Ce participant était un commercial actif dans le domaine du tourisme. Il m' indiquait que cette technique fonctionnait fréquemment, et qu'il recevait des louanges de clients pour sa rapidité, alors qu'il déléguait tout à ChatGPT.

Types de tâches à déléguer

Maintenant que nous avons établi les forces de ChatGPT, regardons comment les appliquer pour des tâches concrètes en milieu professionnel.

Analyse et rédaction d'e-mails

Je commence toujours mes formations par demander si quelqu'un envoie des e-mails au travail. Si tel est le cas (et mon petit doigt me dit que ça l'est), pensez à la manière dont ChatGPT peut vous aider, car ce type de tâche est particulièrement pertinent pour l'outil.

Concrètement, ChatGPT peut être utile dans deux cas de figure :

- analyser et traiter un e-mail ;
- envoyer un e-mail personnalisé.

Je prends souvent l'exemple d'un graphiste qui m'indiquait que ChatGPT n'était pas utile pour lui. Quand je lui demandais s'il recevait des demandes de visuels incomplètes, il me répondait avec le sourire « Ça m'arrive souvent ». Dans ce cas, ChatGPT peut l'aider à trouver si un élément précis du brief est manquant et lui préparer une réponse rapidement.

Voici une idée de prompt pour vous aider dans votre tâche.

```
Tu es un inspecteur d'e-mails expérimenté, spécia-
lisé dans l'analyse sémantique.

Je suis un graphiste, et tu vas m'aider à identifier
si un des éléments d'un brief créatif d'affiche
par e-mail manque.

Voici les [éléments] indispensables à un brief
créatif d'affiche :
- titre et description ;
- buts et objectifs ;
- public cible ;
- message et ton ;
- ressources et livrables.

Procédons par étape :

Étape 1 : Tu me demanderas l'e-mail à analyser, et
je vais te l'indiquer.

Étape 2 : Tu analyseras l'e-mail et tu trieras les
informations pertinentes sur les [éléments] indis-
pensables. Indique si un élément est manquant. Tu
répondras sous forme de tableau. Et tu me deman-
deras validation.

Étape 3 : Tu prépareras un e-mail de réponse pour demander
les [éléments] manquants, de manière courtoise.
```

En procédant de cette manière, on peut analyser rapidement les e-mails et voir les éléments manquants. Ce que j'aime bien avec cette logique, c'est que les infos clés sont directement mises dans un tableau pour les rendre plus claires. Voici ce que l'on obtient.

Merci pour l'email. Je vais maintenant analyser l'email et trier les informations pertinentes sur les éléments indispensables. Voici le résultat :

Élément Indispensable	Information Pertinente	Est-ce Manquant?
Titre et description	Titre: "Festival d'Été 2023" Description: "Un événement musical incontournable de la région, rassemblant des artistes locaux et internationaux pour célébrer la musique et la culture."	Non
Buts et objectifs	-	Oui
Public cible	-	Oui
Message et ton	Message: "Rejoignez-nous pour une expérience musicale inoubliable !" Ton: festif, dynamique, invitant	Non
Ressources et livrables	Ressources: photos des artistes, logo officiel Livrables: version haute résolution, version optimisée pour le web	Non

Il semble que les "Buts et objectifs" et le "Public cible" soient manquants dans l'email.

Veuillez confirmer si cette analyse vous convient avant de passer à l'Étape 3.

Une fois que vous avez validé le tableau, il peut ainsi vous préparer directement l'e-mail de réponse.

MA Oui, elle me convient

Parfait. Passons à l'Étape 3.

Je vais préparer un email de réponse pour demander les éléments manquants de manière courtoise.

Cher [Nom de l'expéditeur],

Tout d'abord, je tiens à vous remercier pour les détails fournis concernant le brief créatif de l'affiche "Festival d'Été 2023". Cela m'aide grandement à visualiser le projet.

Cependant, afin de m'assurer que l'affiche répond parfaitement à vos attentes, j'aurais besoin de quelques informations supplémentaires :

1. **Buts et objectifs** : Pourriez-vous préciser les principaux objectifs que vous souhaitez atteindre avec cette affiche ? Cela m'aidera à orienter la conception de manière à maximiser son impact.
2. **Public cible** : Afin d'adapter le design et le message de l'affiche, pourriez-vous me donner plus de détails sur le public que vous ciblez ? Par exemple, leur tranche d'âge, leurs intérêts, etc.

Ces informations me permettront de m'assurer que l'affiche est parfaitement alignée avec vos attentes et qu'elle atteint le public souhaité.

Je vous remercie d'avance pour votre collaboration et je reste à votre disposition pour toute autre question ou précision.

Cordialement,
[Votre nom]

Pour les e-mails, nous pouvons également réfléchir à une notion pour l'automatiser. Par exemple, il est possible d'intégrer ChatGPT dans un scénario d'automatisation où nous lui demandons d'analyser la demande pour la catégoriser (par exemple client, fournisseur, d'un département en particulier, etc.). Nous pouvons par ailleurs lui demander de préparer une réponse en mode brouillon que nous validerons par la suite.

Organisation d'une journée de travail

Un de mes prompts favoris est celui permettant d'organiser sa journée de travail. Vous lui indiquez vos tâches et il peut vous créer un planning selon la méthode de votre choix. Ce prompt est ainsi utile pour tous les métiers confondus.

```
Tu es un expert en organisation du temps de travail.
Crée un planning de la journée pour optimiser les
tâches et le temps d'exécution. Procédons étape
par étape :

Étape 1 : Pose ces 4 questions :
– Quelle est votre fonction ?
- Quels sont vos objectifs ?
- Quelles sont vos tâches pour la journée ?
- Quelle est la plage horaire ?

Étape 2 : Je te donne la réponse aux questions.

Étape 3 : Tu me crées un programme de la journée
en utilisant la méthode du The Most Important
Task Method (MIT) pour la plage horaire donnée en
tenant compte de la fonction, des tâches et des
objectifs. Demande ensuite une confirmation ou des
modifications.
```

Je lui ai donné ma liste de tâches de la journée avec mes objectifs, et voici ce qu'il a produit.

MA

1. Formateur ChatGPT
2. Objectif prioritaire : avancer de 5 pages pour le livre ChatGPT en entreprise
3. Avancer de 5 pages sur le livre "ChatGPT en entreprise, répondre à 5 mails de clients, envoyer une relance de facture, amener les enfants à la garderie à 8h et aller chercher à 17h
4. 8h à 17h

Merci pour vos réponses. Passons à l'étape 3.

Étape 3 : Création du programme de la journée en utilisant la méthode du The Most Important Task Method (MIT).

Plage horaire : 8h à 17h

Programme :

- **8h00 - 8h15** : Préparation pour la journée (boisson chaude, mise en place du bureau, etc.)
- **8h15 - 8h30** : Amener les enfants à la garderie.
- **8h30 - 9h00** : Planification de la journée, revue des mails à traiter, et préparation des outils pour avancer sur le livre.
- **9h00 - 11h30** (MIT) : Travail intensif sur le livre "ChatGPT en entreprise". Objectif : avancer de 3 pages.
- **11h30 - 12h00** : Pause déjeuner.
- **12h00 - 13h30** (MIT) : Continuation du travail sur le livre. Objectif : avancer de 2 pages supplémentaires.
- **13h30 - 14h00** : Pause, étirement, petite marche.
- **14h00 - 15h00** : Répondre aux 5 mails de clients.
- **15h00 - 15h15** : Pause café/thé.
- **15h15 - 15h45** : Envoyer une relance de facture.
- **15h45 - 16h45** : Travail administratif ou autres tâches secondaires.
- **16h45 - 17h00** : Préparation pour aller chercher les enfants à la garderie.
- **17h00** : Aller chercher les enfants à la garderie.

Est-ce que ce programme vous convient ? Souhaitez-vous apporter des modifications ?

C'est un peu grâce à ChatGPT si j'ai pu garder la rigueur nécessaire pour finir le livre !

Rédaction de contenus

Parmi les tâches dans lesquelles ChatGPT excelle, la traduction est parmi les plus évidentes. Prenons l'exemple de la Suisse, où beaucoup des contenus doivent être traduits en allemand, il est possible de gagner un temps fou avec ChatGPT.

Dans le même esprit, la correction des textes fait partie des tâches que l'on peut facilement déléguer à ChatGPT. Vous pouvez même aller plus loin et lui demander de reformuler un texte ou de l'écrire selon un style précis.

Pour la rédaction de contenus en tant que tels, il faut cadrer énormément ChatGPT avec des exemples et des *frameworks* complets pour vous assurer que le texte ne soit pas trop générique ou sonne trop enjoué.

Voici un exemple de rédaction de contenu en s'inspirant de méthodes de *copywriting*.

```
Tu es un copywriter confirmé spécialisé dans les
accroches percutantes pour un article.
Mon article traite des 5 questions les plus fré-
quentes pour les débutants avec ChatGPT.

Rédige 3 accroches percutantes pour un article en
200 mots maximum en utilisant ces 3 méthodes :
1. AIDA (Attention, Interest, Desire, Action) ;
2. PAS (Problem, Agitate, Solution) ;
3. BAB (Before, After, Bridge).

Réponds par un tableau uniquement.
```

Le résultat permet d'explorer des pistes pour la rédaction d'un contenu précis.

Bien sûr ! Voici trois accroches basées sur les méthodes que vous avez mentionnées :

1. **AIDA (Attention, Interest, Desire, Action)**
   - **Attention** : "Vous avez entendu parler de ChatGPT, mais vous ne savez pas par où commencer ?"
   - **Interest** : "Découvrez les 5 questions les plus courantes que se posent les débutants comme vous."
   - **Desire** : "Imaginez maîtriser ChatGPT en un rien de temps et impressionner vos collègues avec vos compétences en IA."
   - **Action** : "Plongez dans notre article et éliminez toutes vos incertitudes !"
2. **PAS (Problem, Agitate, Solution)**
   - **Problem** : "Vous vous sentez perdu face à la montée en puissance de ChatGPT ?"
   - **Agitate** : "Vous n'êtes pas seul. De nombreux débutants se sentent dépassés et frustrés par le manque d'informations claires."
   - **Solution** : "Bonne nouvelle ! Notre article détaille les 5 questions les plus fréquentes et vous guide pas à pas pour une prise en main sereine."
3. **BAB (Before After Bridge)**
   - **Before** : "Avant, l'idée même de comprendre ChatGPT semblait une montagne insurmontable."
   - **After** : "Maintenant, imaginez-vous naviguant avec aisance, répondant à toutes les questions courantes sans hésitation."
   - **Bridge** : "Cet article est le pont qui vous mènera de la confusion à la clarté. Découvrez le 5 questions essentielles et leurs réponses détaillées."

J'espère que ces accroches vous aideront à captiver l'attention de vos lecteurs !

Pour l'analyse et la synthèse de textes, ChatGPT vous sera d'une grande utilité, notamment avec la fonctionnalité Advanced Data Analysis qui vous permet d'ajouter des documents directement.

Réunions et projets

Souvent mal aimées, mais toujours bien présentes ! Les réunions font partie du quotidien en entreprise. La bonne nouvelle est que ChatGPT peut vous aider pour la plupart des actions liées à une réunion :

- préparer une réunion ;
- synthétiser les notes d'une réunion ;
- préparer un PowerPoint ;
- élaborer un discours.

De la même manière, la gestion de projet est également impactée par ChatGPT.

Excel et analyse de données

Dès lors que vous devez traiter avec des fichiers Excel, pour effectuer une analyse de données, ChatGPT peut vous être très utile. Ses compétences en synthèse et pour résumer sont des atouts précieux. Ces tâches chronophages sont de bonnes candidates à être déléguées en partie à ChatGPT. À noter que ces questions peuvent être posées à ChatGPT dans la version gratuite pour obtenir une synthèse ou des formules Excel à utiliser dans un certain contexte.

Dans la version payante de ChatGPT, l'analyse de données est grandement facilitée grâce à la fonctionnalité Advanced Data Analysis, comme nous l'avons vu précédemment.

Prise de décision

Si vous devez prendre une décision, peu importe le domaine, vous pouvez demander un « avis d'expert » à ChatGPT en lui demandant d'incarner un rôle. Le plugin Your AI Council est parfait pour ce type de tâche.

Vous pouvez aussi demander à ChatGPT de vous fournir une analyse basée sur un modèle, SWOT (*strengths, weaknesses, opportunities, threats*) par exemple.

Apprentissage

Vous pouvez demander à ChatGPT de vous créer un plan de cours personnalisé sur n'importe quel domaine :

```
• créer un plan de cours personnalisé ;
• former des nouveaux collaborateurs ;
• poser des questions sur une thématique.
```

Il y a bien d'autres domaines et tâches où ChatGPT peut vous être potentiellement utile selon votre domaine, mais il s'agit d'une première base pour votre analyse personnelle.

Évaluation de la tâche

Une fois que vous avez sélectionné vos tâches, vous devez vous poser les questions suivantes :

- Des exemples sont-ils disponibles ?
- Une méthodologie existe-t-elle ?
- Faut-il analyser (documents, textes, données, etc.) ?
- Peut-on envisager une automatisation ?
- Quel est le niveau de risque ?

Selon vos réponses à ces questions, vous pourrez évaluer s'il est pertinent ou non de déléguer à ChatGPT. Par exemple, même si la tâche peut potentiellement être déléguée, si le niveau de risque est trop élevé, cela sera problématique.

PARTIE 5

L'AUTOMATISATION AVEC CHATGPT

L'une des promesses de ChatGPT est de pouvoir automatiser les tâches chronophages. Nous touchons dans cette partie à un point un peu plus technique. Je vais m'efforcer de rester le plus intelligible possible. L'objectif ici n'est pas de vous donner un cours entier sur l'automatisation, car cela pourrait être un livre à part entière.

Nous allons tenter de comprendre les possibilités techniques offertes pour automatiser ChatGPT, sans coder ou en utilisant l'API d'OpenAI pour y parvenir. À noter que ChatGPT en tant que tel ne propose pas directement d'automatisation. Pour ce faire, nous allons utiliser des outils tiers tels que Make[1] ou Zapier[2], qui permettent de connecter des applications entre elles et de créer ces scénarios d'automatisation.

---

1. https://www.make.com/en
2. https://zapier.com

Quelles tâches automatiser ?

Nous l'avons vu lors de la sélection des tâches, les actions très standardisées et sur un grand volume sont des candidates idéales pour l'automatisation.

Parmi les tâches les plus souvent automatisées, voici une liste non exhaustive :

- automatiser des réponses par e-mails ;
- traduction automatique ;
- mise à jour de fiches produits ;
- veille média ;
- envoyer des e-mails personnalisés ;
- chatbot service client ;
- résumé de réunion ;
- mise à jour de données CRM.

Il y a beaucoup d'autres domaines où l'on peut envisager d'automatiser certaines tâches, libre à vous d'y réfléchir. Nous allons voir par la suite la mise en place concrète d'automatisation de réponses par e-mail, ainsi que pour une veille média.

L'API d'OpenAI

API est l'acronyme d'*Application Programming Interface*. C'est une solution informatique qui permet l'échange de données ou de services entre plusieurs applications. Dans le cas présent, on cherche à connecter ChatGPT à d'autres applications pour profiter de la puissance de son modèle.

La plupart des outils et applications basées sur l'intelligence artificielle utilisent les capacités de ChatGPT via l'API d'OpenAI. L'exemple le plus célèbre est celui de Bing Chat par Microsoft qui intègre GPT-4 via l'API.

La raison est simple. C'est l'une de celles offrant le meilleur rapport performance/prix. Ainsi, vous retrouvez ChatGPT dans Duolingo pour l'apprentissage des langues, Shopify pour l'e-commerce, et dans un grand nombre d'autres applications.

Cela permet également à OpenAI de faciliter l'utilisation de ChatGPT et d'obtenir des revenus. L'idée est de devenir le modèle de référence par rapport à ses concurrents que sont Llama 2, proposé par Meta et Claude 2 par Anthropic.

Un détail qui a son importance : les données envoyées via l'API ne sont pas utilisées pour entraîner le modèle GPT[3]. Ainsi, la protection des données est (théoriquement) assurée pour cet aspect.

3. https://openai.com/api-data-privacy

Créer une « *API key* » chez OpenAI

Pour connecter ChatGPT aux différents outils d'automatisation (du plus simple au plus complexe), vous devez créer une clé de connexion chez OpenAI, intitulée *API key*[4]. Je tiens à vous rassurer tout de suite : il n'y a pas besoin de compétences techniques particulières pour créer une *API key*. Il suffit de suivre la procédure ci-dessous. Et la bonne nouvelle est que vous devrez l'effectuer a priori une seule fois.

Étape 1 : Créez un compte d'organisation sur OpenAI[5], puis ajoutez une méthode de paiement. Cela est obligatoire pour obtenir son *API key* indispensable pour vos futures automatisations.

Voici les prix actuels par token selon les modèles utilisés pour vos automatisations. Je vous conseille de fixer une limite de dépense mensuelle. Par exemple 100 dollars par mois est un bon début.

4. https://platform.openai.com/account/api-keys
5. https://platform.openai.com/account

GPT-4

With broad general knowledge and domain expertise, GPT-4 can follow complex instructions in natural language and solve difficult problems with accuracy.

Learn about GPT-4

Model	Input	Output
8K context	$0.03 / 1K tokens	$0.06 / 1K tokens
32K context	$0.06 / 1K tokens	$0.12 / 1K tokens

GPT-3.5 Turbo

GPT-3.5 Turbo is optimized for dialogue.

Learn about GPT-3.5 Turbo ↗

Model	Input	Output
4K context	$0.0015 / 1K tokens	$0.002 / 1K tokens
16K context	$0.003 / 1K tokens	$0.004 / 1K tokens

Étape 2 : Créez votre *API key* depuis la section « User »[6]. Pour ce faire, il vous suffit de cliquer sur « Create new secret key » et de lui donner le nom de votre choix. À noter que vous devez bien noter le code votre *API key* si vous souhaitez la réutiliser. Vous ne verrez plus le code entier sur votre compte OpenAI, pour des raisons évidentes de sécurité.

Une fois votre *API key* créée, vous pouvez effectuer votre première automatisation en la connectant aux bons outils.

6. https://platform.openai.com/account/api-keys

Les outils d'automatisation

Dans le domaine des plateformes d'automatisation, il existe deux grands acteurs sur le marché. À savoir Make d'un côté, et Zapier de l'autre. Chacun possède ses avantages et inconvénients, et nous allons voir ensemble les deux solutions en détail pour que vous puissiez faire votre choix.

L'avantage d'opter pour un outil d'automatisation est de pouvoir connecter les applications en « no-code ». Vous pouvez vous en sortir sans écrire une ligne de code informatique.

Zapier

Cet outil d'automatisation, parmi les acteurs historiques, possède un avantage non négligeable par rapport à la concurrence. Il est intégré à ChatGPT via un plugin. En clair, vous pouvez activer des scénarios d'automatisation directement dans ChatGPT si vous possédez la version payante.

Parmi les avantages de Zapier, on peut citer le nombre d'applications que vous pouvez connecter à ChatGPT, à savoir potentiellement 5 000 ! Vous pouvez connecter via des API aux applications, tout ça sans devoir coder. Pour vous donner un exemple concret, nous allons partir d'une demande sous forme de prompt effectué via ChatGPT. Grâce au plugin Zapier, vous pourrez ainsi créer directement votre scénario d'automatisation dans ChatGPT.

Pour commencer, il faut bien activer le plugin Zapier dans ChatGPT. Pour rappel, les plugins ne sont disponibles que dans la version payante.

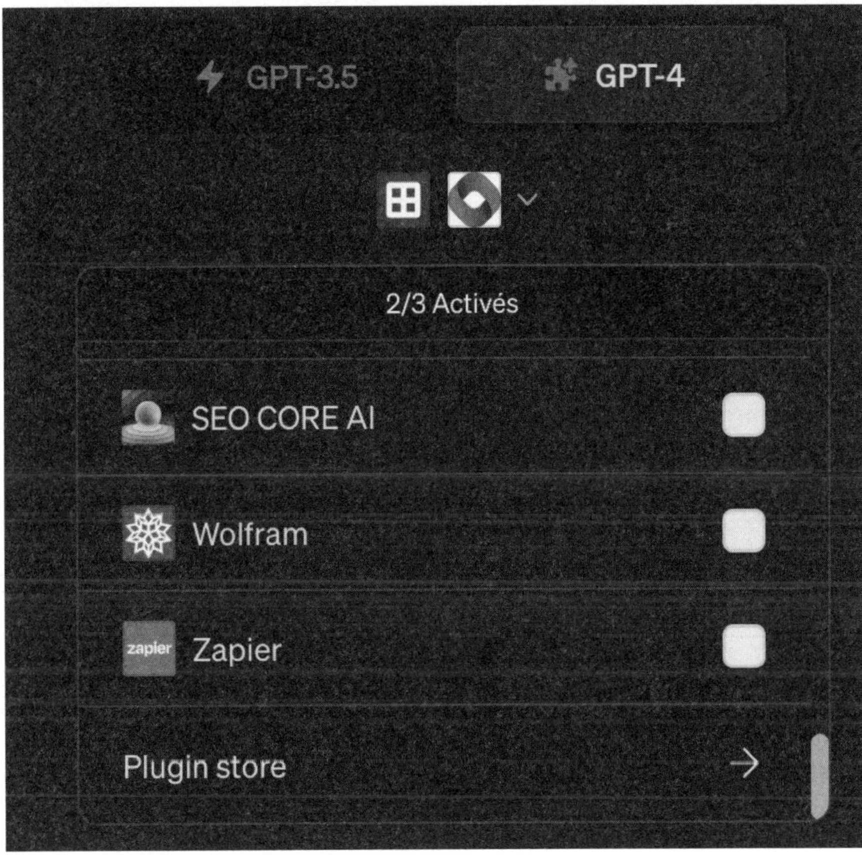

L'idée est de trier les e-mails que je reçois dans ma messagerie Gmail, pour définir s'il s'agit d'une demande de partenariat, d'un client ou d'un autre type d'e-mail. Je demande ensuite à ChatGPT de me préparer une réponse différente selon le type de demande.

La force du plugin Zapier est que je peux demander tout cela directement dans ChatGPT ! Voici le prompt que j'ai indiqué :

```
Analyse les éléments clés de cet {e-mail} et s'il
s'agit d'un partenariat, crée un brouillon d'e-mail
sur Gmail via Zapier pour proposer un appel pour
discuter du partenariat.

Voici l'{e-mail} :

« De : john@doe.com

Bonjour Matthieu, je souhaite réaliser un sponso-
ring avec vous pour présenter un outil IA intitulé
BigUp.ai qui permet de générer des leads grâce à
l'IA.
Pouvons-nous en discuter ?
Cordialement,
John »
```

Voici ce que j'ai obtenu pour la première étape. Il a très bien extrait les informations clés pour le catégoriser dans le bon libellé.

Étape 1 : Analyse des éléments clés de l'email

Analysons d'abord l'email que vous avez fourni :

"Bonjour Matthieu, je souhaite réaliser un sponsoring avec vous pour présenter un outil IA intitulé BigUp.ai qui permet de générer des leads grâce à l'IA. Pouvons-nous en discuter ?

Cordialement,
John"

Éléments clés :

1. L'expéditeur s'adresse à "Matthieu".
2. L'expéditeur exprime son souhait de réaliser un "sponsoring".
3. L'objet du sponsoring est la présentation d'un outil IA nommé "BigUp.ai".
4. L'outil "BigUp.ai" a pour fonction de générer des leads grâce à l'IA.
5. L'expéditeur souhaite discuter de cette proposition.

Sur la base de ces éléments clés et des catégories que vous avez fournies, cet email peut être trié dans la catégorie : **{Partenariat}**. En effet, l'expéditeur souhaite établir un partenariat sous forme de sponsoring pour présenter un outil.

Étape 2 : Création d'un brouillon de réponse à l'email sur Gmail en utilisant Zapier

Selon la catégorie **{Partenariat}**, la réponse appropriée serait de proposer un appel pour discuter du partenariat.

Dans la seconde étape, il m'a préparé un e-mail de réponse professionnel que je peux utiliser comme brouillon directement sur Gmail.

Étape 2 : Création d'un brouillon de réponse à l'email sur Gmail en utilisant Zapier

Selon la catégorie **{Partenariat}**, la réponse appropriée serait de proposer un appel pour discuter du partenariat.

Brouillon de réponse :
"Bonjour John,

Merci de votre intérêt pour un partenariat sous forme de sponsoring concernant l'outil IA BigUp.ai. Je suis ouvert à la discussion et je serais ravi d'en savoir plus sur votre proposition. Proposons-nous un appel pour en discuter davantage ?

Cordialement,
Matthieu"

Je vais maintenant créer ce brouillon de réponse sur Gmail en utilisant Zapier.

Utilisé **Zapier**

J'ai créé un brouillon de réponse pour l'email de partenariat. Avant de finaliser l'action, veuillez confirmer et examiner le brouillon ici.

Une fois que vous avez confirmé, le brouillon sera sauvegardé dans votre compte Gmail.

Une fois que vous avez confirmé l'e-mail de réponse en cliquant sur le lien Zapier généré, le brouillon sera automatiquement créé sur Gmail.

Mais là où le plugin est très puissant, c'est dans la possibilité d'automatiser ce processus directement dans Zapier. Il nous propose un flux personnalisé (appelé Zap) basé sur notre demande initiale.

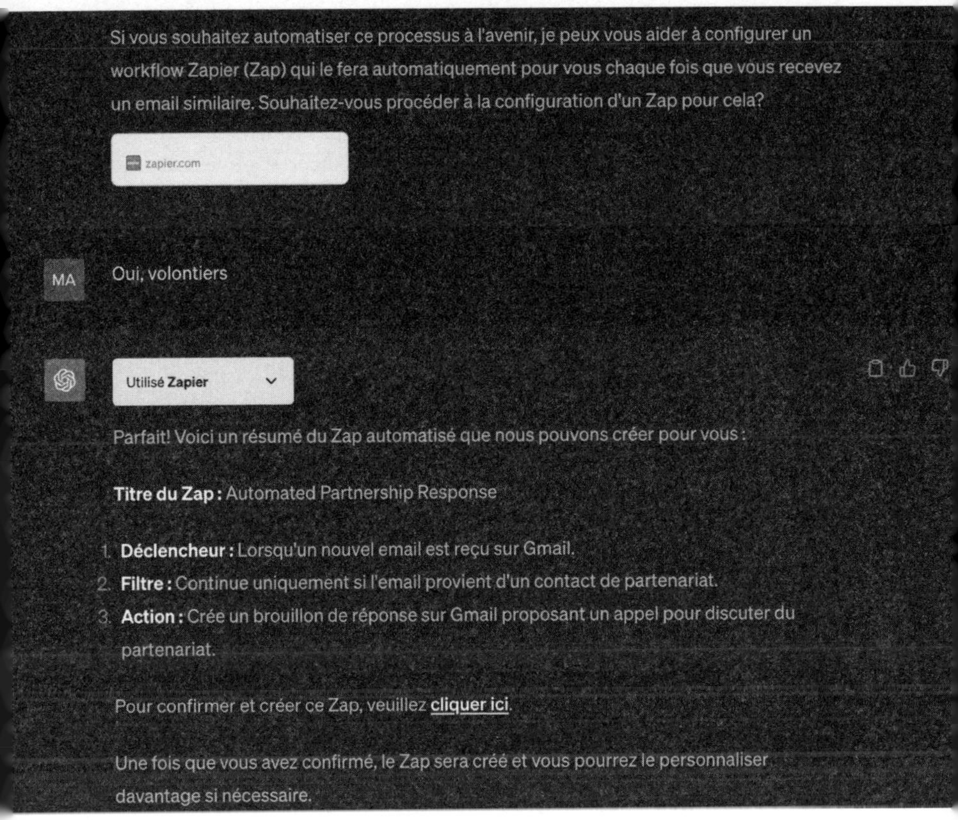

En cliquant sur le lien proposé dans ChatGPT, on accède au flux personnalisé qui a été généré spécifiquement pour nous et que l'on peut éditer directement dans Zapier. C'est vraiment intéressant pour débuter avec l'automatisation sans devoir maîtriser toutes les techniques avancées.

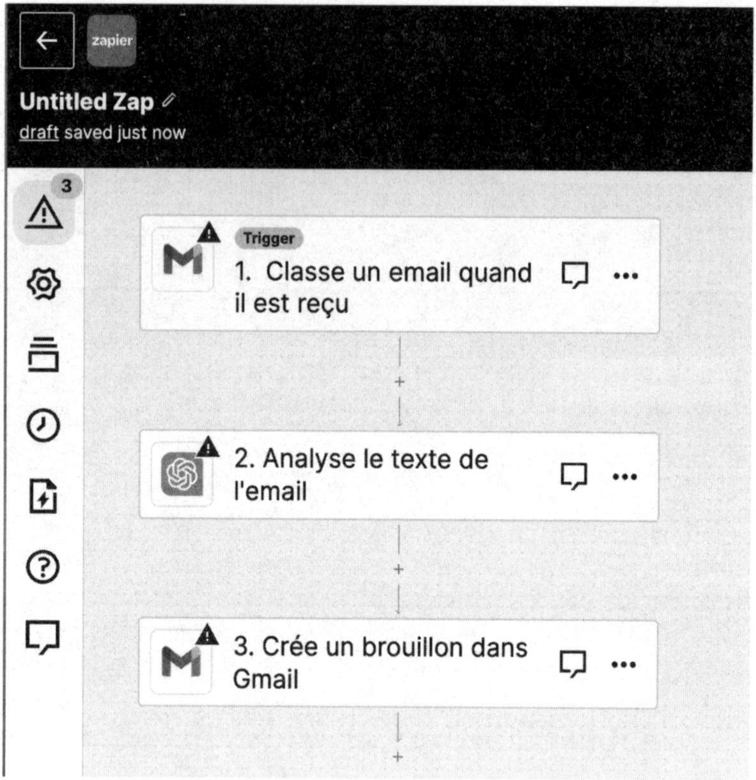

Dans cet exemple, ma préconisation est de générer un brouillon à vérifier plutôt qu'un envoi direct pour éviter toute mauvaise surprise.

Même si l'éditeur visuel de Zapier s'est amélioré, il reste basique comparé à Make, par exemple.

Parmi les inconvénients de Zapier, on peut citer le tarif qui peut monter haut dès que vous avez une forte utilisation de la plateforme, et surtout des limitations dans la création de scénarios avancés par rapport à Make, notamment. Pour vous donner un ordre d'idées, l'offre pro de Zapier coûte près de 700 dollars par mois pour 100 000 opérations (qui correspondent à des activations de scénarios d'automatisation). Avec Make, le montant est de 153 euros pour 150 000 opérations.

Pour résumer, Zapier est génial pour débuter avec l'automatisation, notamment en étant intégré à ChatGPT. Si vous souhaitez aller plus loin, je vous conseille de vous intéresser à Make.

Make

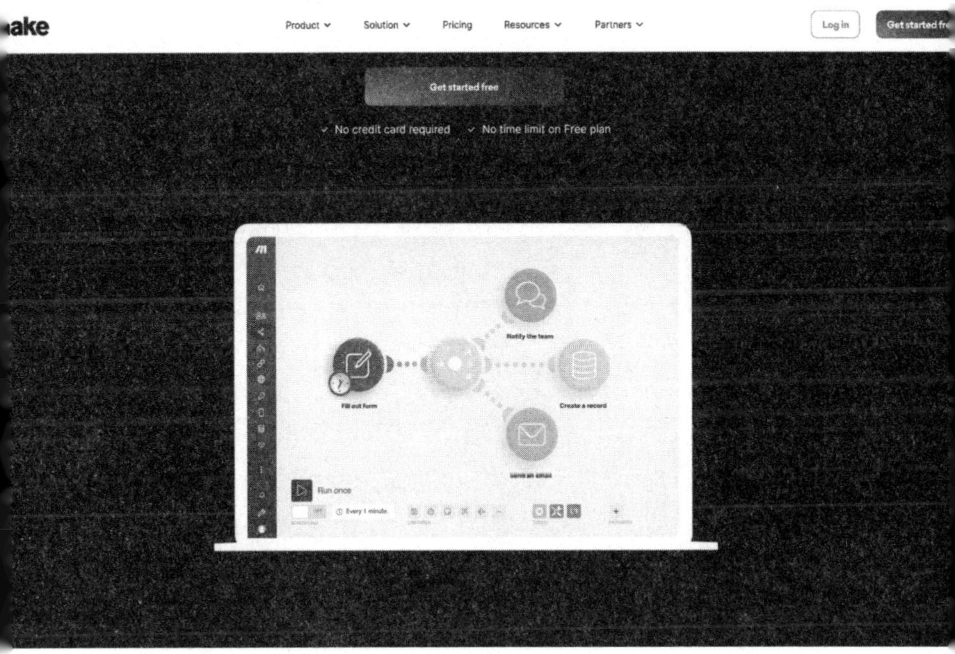

À titre personnel, j'ai une préférence pour Make pour créer mes scénarios d'automatisation. Bien que la solution soit un peu plus complexe à prendre en main, elle permet de mettre en place des scénarios d'automatisation bien plus poussés.

Et les tarifs sont moins élevés que Zapier si vous utilisez fréquemment l'outil, ce qui est un avantage non négligeable, sachant que vous êtes voué à déclencher fréquemment vos scénarios d'automatisation avec ChatGPT.

Il y a toute une communauté de créateurs de modèles d'automatisation en France, je vous encourage à chercher ces modèles pour tenter de les appliquer et comprendre comment les utiliser. Je vous conseille notamment la formation de Shubham Sharma[7], ainsi que sa chaîne YouTube, qui est une mine d'or pour des ressources autour de l'automatisation.

Bardeen

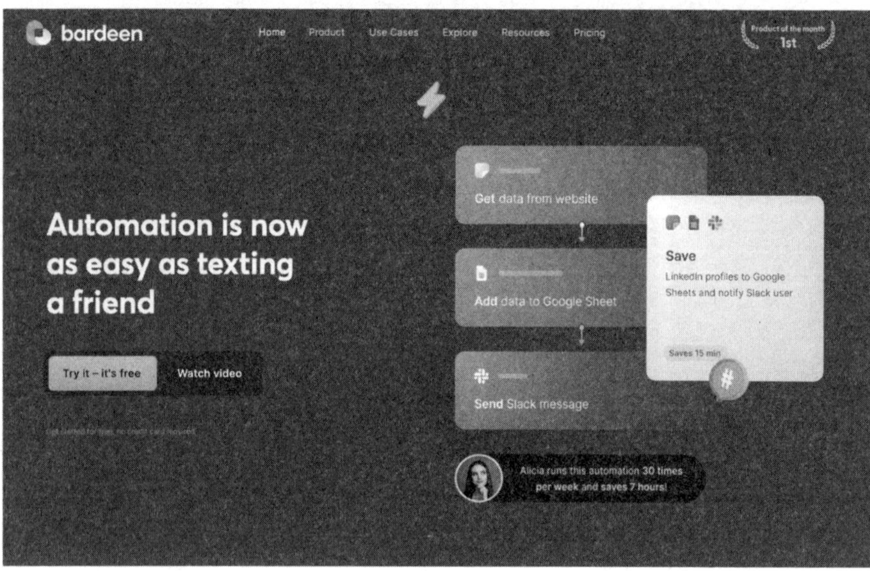

7. https://www.formation-make.com/

Cet outil est moins connu que les deux précédemment cités, mais Bardeen[8] est de très loin le plus simple à mettre en place à un niveau individuel. L'idée est de profiter de l'IA pour automatiser certaines tâches basiques, comme un simple copier-coller d'un e-mail vers Excel par exemple.

La simplicité est sa force, mais également sa faiblesse, car vous serez vite limité dans l'exécution de scénarios plus complexes. C'est toutefois une excellente porte d'entrée dans le domaine de l'automatisation avec l'IA.

Exemples d'automatisation

Pour vous illustrer quelques pistes d'automatisation, j'ai sélectionné pour vous trois modèles disponibles dans Make[9], vous pouvez donc facilement les reprendre pour les adapter à votre contexte.

Nous irons de l'exemple le plus basique (la traduction automatique) à un scénario bien plus avancé, comme la création automatisée de publications sur les réseaux sociaux basée sur un article de blog. Les possibilités sont théoriquement infinies, et vous pouvez réfléchir à une adaptation selon vos besoins.

8. https://www.bardeen.ai
9. eu2.make.com/templates

Exemple n° 1 : traduction automatique

Cet exemple est parfait pour se familiariser avec les fondements de l'automatisation avec ChatGPT et Make.

L'idée est de connecter une feuille Google Sheets à ChatGPT, en lui indiquant quelles cellules traiter. Nous pouvons ensuite ajouter un prompt du type « Traduis ce texte en anglais » par exemple. Ensuite, vous indiquez où insérer la réponse dans la même feuille Google Sheets. Vous pouvez ensuite indiquer la fréquence du lancement de l'opération.

Concrètement, vous n'avez qu'à mettre les éléments à traduire sur Google Sheets sans passer directement par ChatGPT, et les traductions se font automatiquement.

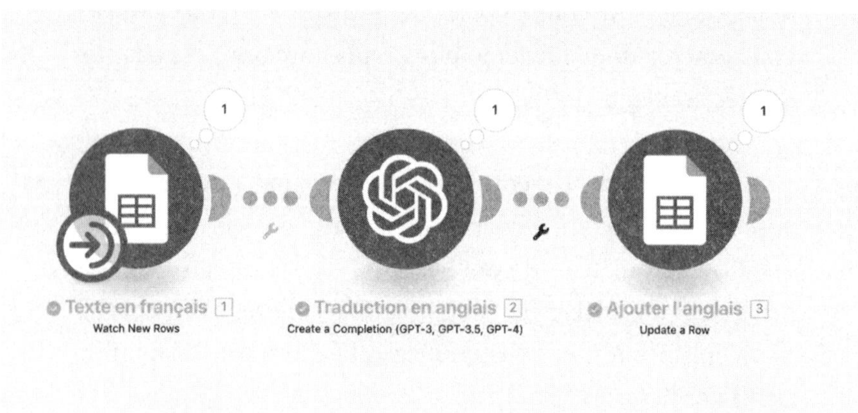

Cela signifie que tout ce que vous allez écrire dans la colonne dédiée « Français » sur Google Sheets sera traduit directement dans la colonne « Anglais ».

Vous devez ajouter le prompt « Traduis ce texte en anglais » dans la connexion OpenAI du scénario Make, et la magie opère.

Voici le résultat dans le document Google Sheets. J'ai mis dans la colonne « Français » des textes de présentation de balades en Ardèche en laissant la colonne « Anglais » vide. Le scénario Make se charge de remplir automatiquement la colonne « Anglais » avec une traduction.

Vous pouvez évidemment mettre cela en place pour n'importe quelle base de données, par exemple sur Notion ou Airtable, qui sont les outils les plus connus. S'il s'agit d'une action que vous effectuez régulièrement, le gain de temps est considérable.

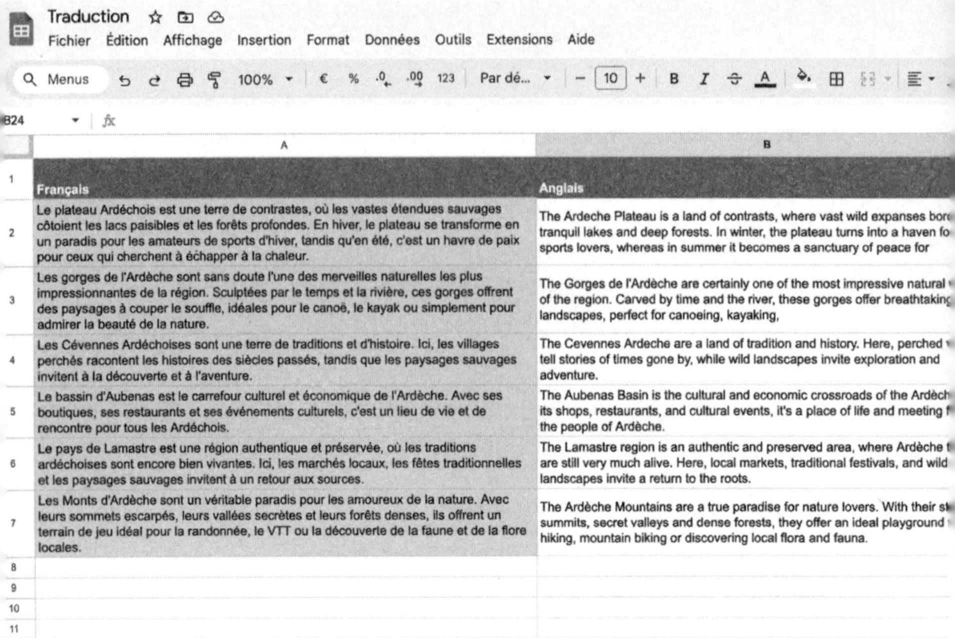

	A	B
1	Français	Anglais
2	Le plateau Ardéchois est une terre de contrastes, où les vastes étendues sauvages côtoient les lacs paisibles et les forêts profondes. En hiver, le plateau se transforme en un paradis pour les amateurs de sports d'hiver, tandis qu'en été, c'est un havre de paix pour ceux qui cherchent à échapper à la chaleur.	The Ardeche Plateau is a land of contrasts, where vast wild expanses bor tranquil lakes and deep forests. In winter, the plateau turns into a haven fo sports lovers, whereas in summer it becomes a sanctuary of peace for
3	Les gorges de l'Ardèche sont sans doute l'une des merveilles naturelles les plus impressionnantes de la région. Sculptées par le temps et la rivière, ces gorges offrent des paysages à couper le souffle, idéales pour le canoë, le kayak ou simplement pour admirer la beauté de la nature.	The Gorges de l'Ardèche are certainly one of the most impressive natural of the region. Carved by time and the river, these gorges offer breathtakin landscapes, perfect for canoeing, kayaking,
4	Les Cévennes Ardéchoises sont une terre de traditions et d'histoire. Ici, les villages perchés racontent les histoires des siècles passés, tandis que les paysages sauvages invitent à la découverte et à l'aventure.	The Cevennes Ardeche are a land of tradition and history. Here, perched tell stories of times gone by, while wild landscapes invite exploration and adventure.
5	Le bassin d'Aubenas est le carrefour culturel et économique de l'Ardèche. Avec ses boutiques, ses restaurants et ses événements culturels, c'est un lieu de vie et de rencontre pour tous les Ardéchois.	The Aubenas Basin is the cultural and economic crossroads of the Ardèch its shops, restaurants, and cultural events, it's a place of life and meeting f the people of Ardèche.
6	Le pays de Lamastre est une région authentique et préservée, où les traditions ardéchoises sont encore bien vivantes. Ici, les marchés locaux, les fêtes traditionnelles et les paysages sauvages invitent à un retour aux sources.	The Lamastre region is an authentic and preserved area, where Ardèche t are still very much alive. Here, local markets, traditional festivals, and wild landscapes invite a return to the roots.
7	Les Monts d'Ardèche sont un véritable paradis pour les amoureux de la nature. Avec leurs sommets escarpés, leurs vallées secrètes et leurs forêts denses, ils offrent un terrain de jeu idéal pour la randonnée, le VTT ou la découverte de la faune et de la flore locales.	The Ardèche Mountains are a true paradise for nature lovers. With their st summits, secret valleys and dense forests, they offer an ideal playground hiking, mountain biking or discovering local flora and fauna.
8		
9		
10		
11		

Exemple n° 2 : analyser un e-mail et préparer une réponse

C'est clairement l'un de mes scénarios favoris : le traitement des e-mails de votre messagerie ! L'idée ici est de faire analyser chaque nouveau message par ChatGPT pour qu'il puisse lui appliquer un label par exemple.

Voici l'automatisation que j'utilise au quotidien afin de trier mes demandes clients des autres e-mails. Pour les demandes clients, je lui demande de préparer une réponse pour répondre directement au besoin. Si la demande est catégorisée dans « Autres », je lui demande de m'extraire les éléments essentiels pour que je puisse préparer une réponse.

Voici le flux complet que nous allons analyser étape par étape. Vous devez créer un compte sur Make puis créer un nouveau scénario. Vous devez ensuite connecter votre compte e-mail via IMAP (*Internet Message Access Protocol*). Vous pouvez ensuite définir dans quel dossier ou messagerie appliquer l'automatisation.

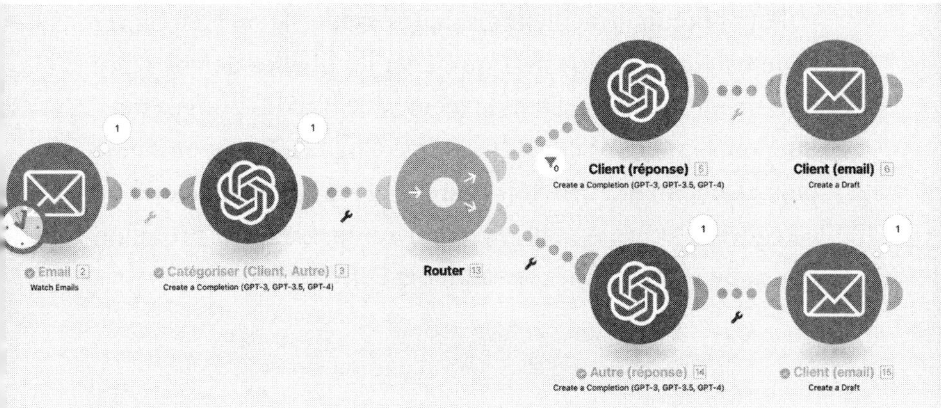

Concrètement, dès que je reçois un e-mail, cela demande à ChatGPT de catégoriser entre « Client » ou « Autre ». Le prompt utilisé dans l'automatisation est le suivant pour effectuer le tri :

```
Tu es un assistant expert en analyse d'e-mails.
Ton rôle est de définir si un e-mail vient d'un de
mes {clients}.

Analyse cet e-mail. {{2.text}} provenant de cette
adresse : {{2.from. address}}

Voici mes {clients} :

– Office de Tourisme Porte Sud Ardèche ;
- General Media ;
- Smarthome.

Si tu identifies qu'il s'agit d'un e-mail provenant
d'un {clients}, réponds uniquement par « clients » :

Autrement, réponds par : « autres ».
```

Les possibilités sont infinies dans l'automatisation des e-mails selon vos besoins, mais cet exemple simple est un début intéressant.

Pour obtenir le meilleur résultat possible, il faut bien cadrer la demande en indiquant clairement les libellés de vos types de demandes reçues. Dans le même esprit, vous pouvez indiquer quels sont vos clients pour que ChatGPT le comprenne plus rapidement. Une fois que l'analyse est effectuée, il va catégoriser votre e-mail, préparer un message en brouillon pour que vous puissiez le valider et l'envoyer.

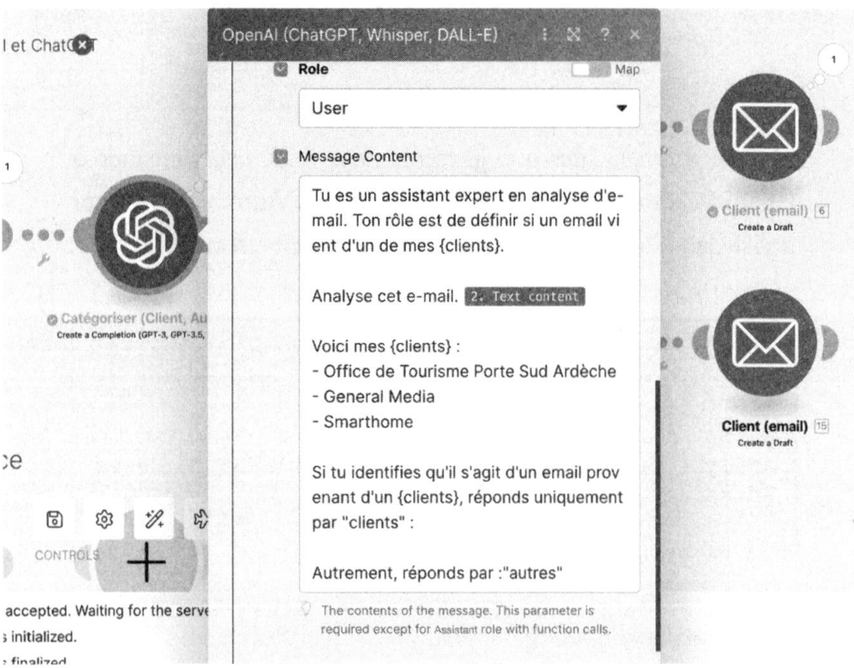

Et voici un exemple d'e-mail préparé directement en brouillon dans ma messagerie pour répondre à une demande de formation de la part d'un client.

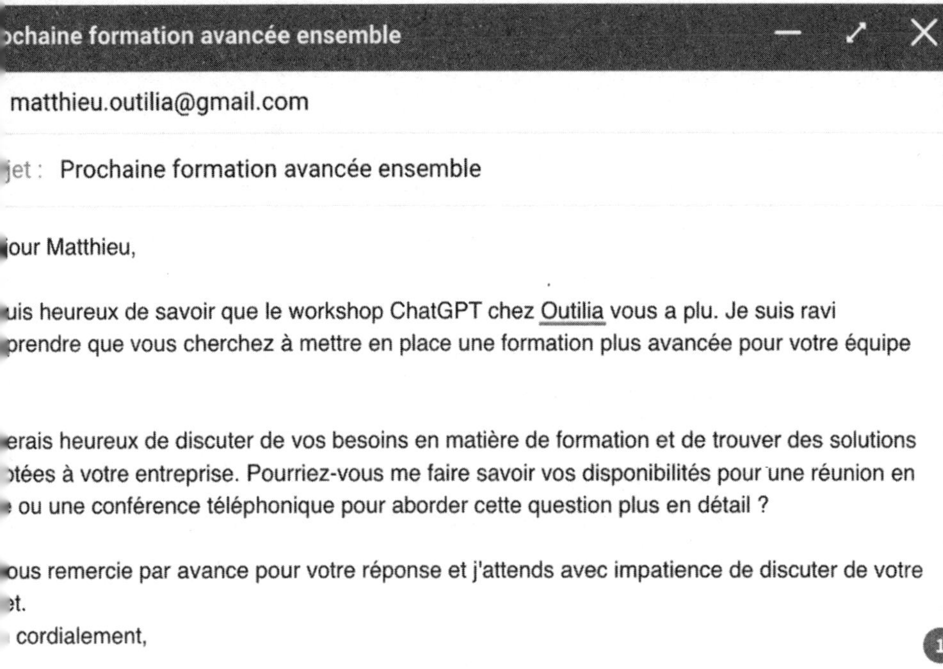
ochaine formation avancée ensemble

matthieu.outilia@gmail.com

jet : Prochaine formation avancée ensemble

jour Matthieu,

uis heureux de savoir que le workshop ChatGPT chez Outilia vous a plu. Je suis ravi
prendre que vous cherchez à mettre en place une formation plus avancée pour votre équipe

erais heureux de discuter de vos besoins en matière de formation et de trouver des solutions
ptées à votre entreprise. Pourriez-vous me faire savoir vos disponibilités pour une réunion en
ou une conférence téléphonique pour aborder cette question plus en détail ?

ous remercie par avance pour votre réponse et j'attends avec impatience de discuter de votre
et.
cordialement,

Le gain de temps est potentiellement considérable !

Créer son chatbot d'entreprise

La création d'un chatbot personnalisé fait partie des projets les plus demandés en entreprise. On peut aisément comprendre pourquoi. La perspective de pouvoir dialoguer avec ses propres données ou de proposer un service client sous forme de chatbot pour des clients donne envie.

La bonne nouvelle est que, peu importe votre niveau technique, il existe plusieurs possibilités de réaliser un chatbot.

Nous allons voir les différentes options avec leurs avantages et inconvénients.

Avant de commencer, je dois vous rappeler que ce type de projet peut générer beaucoup d'attentes, et fatalement des frustrations. Comme souvent avec l'IA et l'automatisation, il faut respecter un planning et bien tester avant tout déploiement.

Définir son objectif et son périmètre

Encore plus important que les ressources techniques, vous devez vous demander quel est l'objectif poursuivi, le périmètre précis de l'intervention et les personnes impliquées. Cela peut tout à fait s'intégrer dans un plan plus large d'intégration de l'IA en entreprise, et donc dans la *roadmap* dédiée.

Un excellent exemple que nous avons vu ensemble est celui de Batmaid[10], une entreprise suisse spécialisée dans le ménage, qui a créé un chatbot pour répondre aux questions sur son logiciel de paiement des salaires. Le périmètre et le public cible étaient bien définis et rendaient la mise en œuvre bien plus claire.

Les différents types d'utilisation d'un chatbot sont notamment les suivants :

---

10. Laure Wagner, « Batmaid a automatisé son système de paie en un temps record avec ChatGPT », Agefi.com, 15 août 2023, URL : agefi.com/actualites/entreprises/batmaid-a-automatise-son-systeme-de-paie-en-un-temps-record-avec-chatgpt

- service client ;
- documentation interne ;
- réponse dans un domaine précis.

Toute personne ou entreprise qui a tenté de mettre en place un chatbot avec ChatGPT a vu les difficultés engendrées par plusieurs limites de l'API, voyons-les ensemble pour vous faire gagner du temps dans votre projet.

Les limites de l'API d'OpenAI

Quand on parle de l'API d'OpenAI, la plus grande incompréhension est de penser que nous pouvons intégrer nos données facilement à l'API et travailler uniquement dessus. En effet, OpenAI a mentionné clairement que les modèles GPT n'ont pas de mémoire. Cela signifie que dès que vous entamez une nouvelle discussion, tout le contexte est perdu.

Pour rappel, les modèles de GPT fonctionnent avec la logique de tokens, un token correspondant à environ 75 % d'un mot. Il faut également prendre en compte le fait qu'utiliser des tokens dans le cadre d'une API a un coût. Il est faible, mais peut vite prendre l'ascenseur si vous effectuez des appels intensifs de l'API. Pour rappel, chaque fois que vous utilisez un token via l'API, vous payez un certain montant, comme décrit dans le tableau ci-dessous, pour chaque modèle[11]. À noter que selon les annonces d'OpenAI, ces éléments sont amenés à bouger avec le temps.

11. platform.openai.com/docs/models/overview

Token

1 token = 75% d'un mot
(100 tokens =75 mots)

Modèle	Nb max de tokens	Coût par token	Avantage
GPT3 (davinci, curie, ada, babbage)	2049 tokens	$0.0300 / 1K tokens (davinci)	Permet le fine-tuning
gpt-3.5-turbo	4026 tokens	$0.0015 / 1K tokens	Meilleur rapport qualité/prix Supporte "Chat Completions API" Permet le fine-tuning
gpt-3.5-turbo-16k	16'384 tokens	$0.003 / 1K tokens	Plus grand contexte
gpt-4	8192 tokens	$0.03 / 1K tokens	Le plus puissant
gpt-4-32k	32'768 tokens	$0.06 / 1K tokens	Large capacité, mais cher

Très souvent, c'est le modèle GPT-3.5-turbo qui est sélectionné, car il offre le meilleur rapport qualité-prix par rapport aux autres. Le modèle GPT-4 est le plus performant, mais également le plus onéreux.

Je vous encourage d'ailleurs à jeter un coup d'œil à la plateforme d'OpenAI dédiée à son API[12], elle est très complète et permet de mieux comprendre les tenants et aboutissants d'une bonne intégration, avec plusieurs exemples disponibles.

Cas concret : un chatbot pour le tourisme

Parmi les applications concrètes de ChatGPT, la mise en place d'un chatbot pour répondre aux questions des utilisateurs ou clients est l'une des plus évidentes.

J'ai eu la chance d'accompagner General Media, une des entreprises helvétiques les plus dynamiques sur la question,

12. platform.openai.com

avec la mise en place d'un agent conversationnel dédié aux offices de tourisme.

L'adoption de ChatGPT par plusieurs offices du tourisme dans les régions des Alpes vaudoises, de Montreux-Vevey, du Jura et Nendaz Tourisme en Suisse représente une avancée significative dans l'application de l'intelligence artificielle au secteur touristique. Le chatbot est non seulement performant dans plusieurs langues, mais offre également une possibilité d'interaction avec les visiteurs que le site n'avait pas auparavant. Voici un exemple :

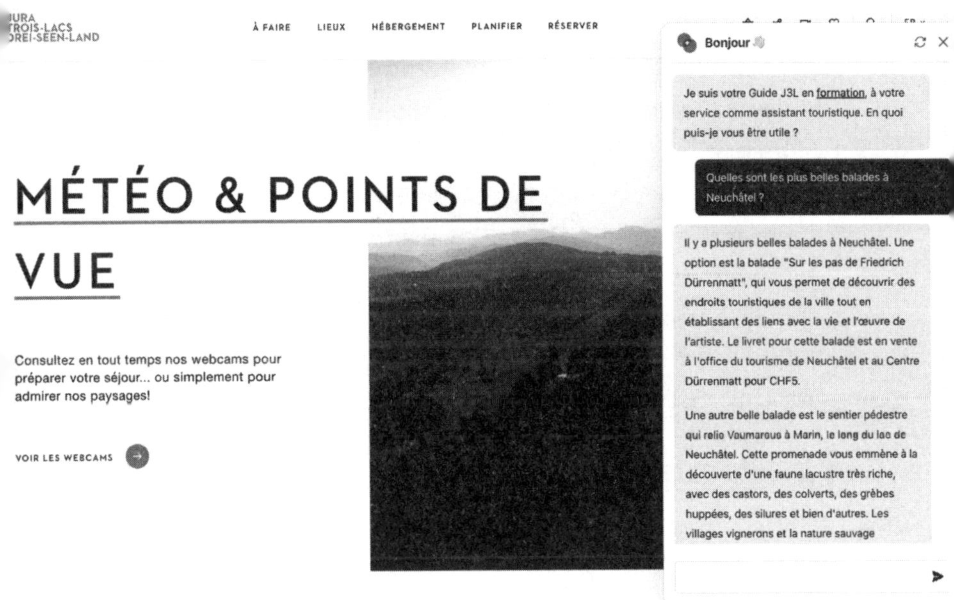

Parmi les défis liés au chatbot, il fallait éviter de proposer des activités dangereuses ou interdites. La clé est l'importance des réglages, tels que la température, pour assurer la sécurité et l'authenticité de l'expérience utilisateur. Il s'agit d'un paramètre que l'on peut appliquer à ChatGPT. Compris entre 0 (pas de créativité dans la réponse) et 1 (grande créativité dans la réponse), cela a un impact directement sur les résultats obtenus.

Lors de ma rencontre avec les équipes, j'ai été impressionné par la vitesse à laquelle tous les membres de l'équipe (tous secteurs confondus) avait adopté l'IA dans leur pratique. C'est un excellent exemple d'entreprise qui a été agile dans l'adoption de l'IA en interne et pour ses clients.

Solutions pour créer un chatbot

Pour implémenter un chatbot en entreprise, il y a trois possibilités actuellement. Cela va de la solution sans devoir coder, celle en utilisant uniquement l'API d'OpenAI, et enfin la plus intéressante permettant de réellement connecter ses données d'entreprise à ChatGPT sans passer par un outil tiers.

Je ne vais pas entrer dans tous les détails techniques (cela tiendrait dans un livre entier), mais l'idée est de vous montrer trois pistes à creuser pour votre entreprise.

Un outil externe dédié : Chatbase

La solution la plus simple à utiliser s'appelle Chatbase et a été codée par Yasser Elsaid en quelques mois seulement ! La prouesse qu'il a réalisée est de permettre à toute personne de générer un chatbot en se basant sur des documents de type .pdf, .doc, .docx et .txt. Vous avez également la possibilité d'ajouter un site web entier pour qu'il s'entraîne avec les données des pages pour entraîner le chatbot. Vous pouvez aussi ajouter des questions/réponses prédéfinies ainsi qu'une base de données Notion.

Au niveau du prix, Chatbase offre une version gratuite limitée à 400 000 caractères traités par chatbot. L'offre payante commence à 19 dollars par mois avec une limite à 11 000 000 caractères mensuels.

Le revers de la médaille est que vos prompts pour indiquer le contexte (dans le rôle « System ») sont limités à un peu plus de 2 000 tokens, ce qui est faible. Cela reste un excellent point de départ rapidement déployable.

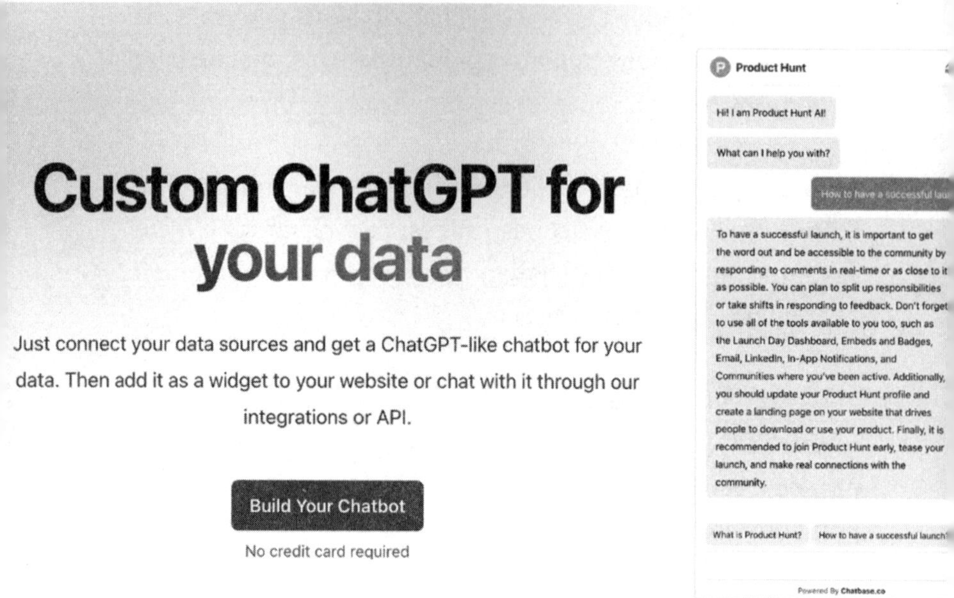

Fine-tuning

Si vous souhaitez développer une solution maison, je vous encourage à utiliser directement l'API d'OpenAI. La technique est appelée ici *fine-tuning*[13]. L'idée est de proposer un set de données d'entraînement à l'API d'OpenAI pour qu'il puisse les comprendre et les appliquer à ses réponses. Pendant longtemps, cette technique n'était possible que pour les modèles de GPT-3, mais en août 2023, elle a été ouverte à GPT-3.5-turbo, la rendant plus intéressante.

Une des clés est de préparer un set de données le plus propre possible pour permettre au modèle de bien l'analyser,

13. platform.openai.com/docs/guides/fine-tuning

avec chaque fois un événement, et une « complétion » dédiée. Le travail en amont est donc relativement conséquent.

Notez bien qu'il s'agit d'entraîner le modèle, mais les réponses peuvent toujours varier. Ainsi, selon le type de chatbot que vous souhaitez créer, cela peut être problématique.

Utiliser ses propres données grâce à LlamaIndex

La solution la plus complète, mais aussi la plus technique, consiste à utiliser le *framework* intitulé LlamaIndex[1]. L'avantage est qu'il est totalement gratuit pour le moment. Précédemment connu sous le nom de GPT Index, ce *framework* de données a été conçu pour vous aider à construire des applications avec les LLM en fournissant des outils essentiels qui facilitent l'ingestion de données, la structuration, la récupération et l'intégration avec divers cadres d'application.

Concrètement, LlamaIndex vous donne les outils permettant de connecter vos données aux différents modèles GPT ou des autres modèles LLM.

1. llamaindex.ai

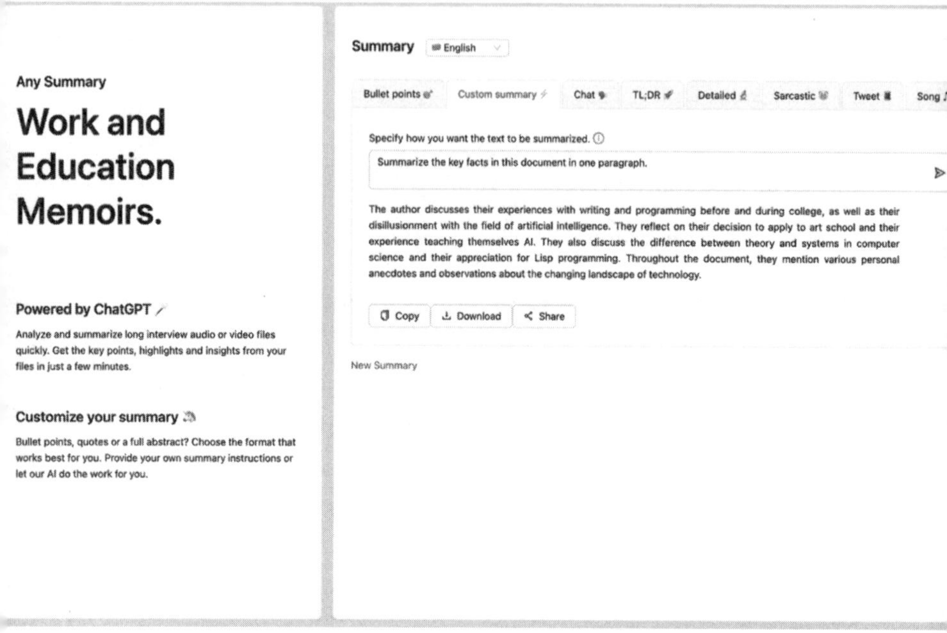

La solution est technique, et je vous encourage à en discuter avec votre équipe IT pour évaluer la faisabilité au sein de votre entreprise.

Il y a toute une documentation ainsi qu'une communauté réactive, ce qui donne un avantage certain à cette solution.

PARTIE 6

INTÉGRER CHATGPT À SON ENTREPRISE

L'intégration de l'IA en entreprise n'est pas seulement une question de technologie, mais aussi de psychologie et de communication. Dans une plus large mesure, quand on souhaite implémenter une technologie qui a des impacts potentiels dans tous les secteurs et dans tous les métiers, il est crucial d'embarquer tous les employés dans le processus. De les informer, de les former et de leur montrer les bénéfices de l'intégration.

Plus important encore, il faut penser au support à apporter une fois que l'IA a été implémentée dans les pratiques professionnelles (ce qui est malheureusement encore trop négligé). N'oublions pas que l'inconnu fait peur. Et qu'un accompagnement doit être pensé.

Un processus long

Intégrer ChatGPT en entreprise prend du temps, et les résultats en termes de productivité pure sont rarement immédiats. Cela d'autant plus qu'il faut évaluer leur pertinence sur le long terme, en analysant les gains réels de productivité. Trop de projets IA sont mis en place à la va-vite et vite abandonnés faute de résultats concrets. Le problème est que cela freine l'intégration, génère de trop grandes attentes, et surtout entraîne de la déception face à l'intégration de ChatGPT en milieu professionnel.

Pour éviter ce genre de désagréments, nous allons voir ensemble les huit étapes clés pour implémenter l'IA en entreprise, et plus particulièrement ChatGPT.

L'exemple idéal : Carrefour

J'aime beaucoup citer l'exemple de Carrefour pour montrer une intégration particulièrement réussie de ChatGPT en entreprise, car elle est venue pour répondre à un besoin réel, résolu par l'IA.

En mars 2023, Carrefour a lancé Hopla[2], un chatbot alimenté par ChatGPT via son API. Cette solution permet aux clients de formuler des requêtes spécifiques, comme la création d'une liste de courses adaptée à un budget et à un nombre précis de personnes. Le bot, en réponse, suggère une liste de produits, majoritairement de la marque Carrefour. Non seulement cela répond à un besoin immédiat de gain de

2. Thomas Leroy avec Eva Jacquot, « Carrefour lance son ChatGPT pour vous aider à faire vos courses », *BFMTV*, 8 juin 2023, URL : bfmtv.com/tech/carrefour-lance-son-chat-gpt-pour-vous-aider-a-faire-vos-courses_AV-202306080466.html

temps et d'efficacité pour le client, mais cela renforce également la fidélisation à la marque Carrefour.

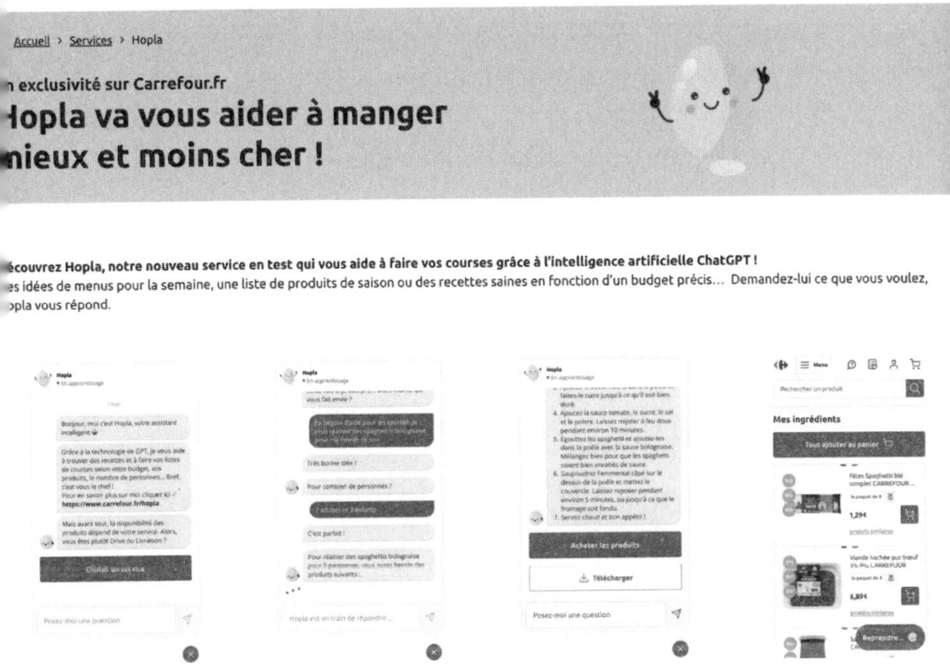

Derrière les rayons, Hopla joue aussi un rôle dans la mise à jour des fiches produits. C'est une belle manière d'automatiser des tâches parfois redondantes et de libérer du temps pour des missions à valeur ajoutée.

La communication de Carrefour autour de cette initiative est particulièrement réussie. L'enseigne a su mettre en avant cette innovation sans en faire trop. L'outil est solidement intégré, et ce n'est pas qu'un simple coup marketing. Bien que l'aspect médiatique ait attiré l'attention sur cette innovation, il est clair que l'intégration a été profonde et bien pensée. Un cas d'école !

Même si beaucoup de choses ont été bien pensées, les retours utilisateurs mettent en évidence des imperfections. Le chatbot, performant dans de nombreux cas, présente des incohérences et peut occasionnellement offrir des suggestions moins pertinentes.

Nous sommes au cœur de l'intégration réussie de l'IA. Le succès d'une intégration repose sur l'écoute des retours utilisateurs et sur la capacité à ajuster et affiner l'outil en conséquence. Le cas de Carrefour souligne l'importance de la mise en place, mais également du suivi et de l'amélioration continue lors de l'adoption de nouvelles technologies.

La méthode SPARK : cinq étapes clés

Toutes les entreprises ont des environnements et des réalités différentes. Par expérience, quand il s'agit d'intégration de l'IA, toutes doivent passer par plusieurs étapes clés. J'aime beaucoup le modèle SPARK proposé par Alex Velinov[3], qui résume bien les cinq grandes phases de l'implémentation de l'IA en entreprise :

3. Alex Velinov, « SPARK Framework: Integrating AI in Your Business », LinkedIn, 14 août 2023, URL : https://www.linkedin.com/pulse/spark-framework-integrating-ai-your-business-alex-velinov/

Phase 1 : Définir le potentiel (*spot potential*)

- Sensibiliser les équipes
- Ambassadeurs
- Audit des besoins par métier

Phase 2 : Sélection des outils (*pick appropriate models*)

- Évaluation des modèles IA
- Promouvoir un projet pilote

Phase 3 : Déploiement (*apply*)

- Achat des licences
- Intégration technique
- Création de bibliothèques de prompts

Phase 4 : Formation des équipes (*ready the team*)

- *Workshops* pour les équipes
- Canal de communication interne

Phase 5 : Suivi et optimisation (*keep evaluating progress*)

- Suivi régulier et ajustements
- Rapports de performance des KPI

Il s'agit d'une proposition de plan d'intégration. Libre à vous de l'adapter selon vos besoins. Vous pouvez par exemple mettre un accent plus grand sur la phase de formation, par exemple.

Nous allons voir ensemble en détail les différentes phases et étapes de l'implémentation de ChatGPT en entreprise.

Phase 1 : définir le potentiel

En amont de toute intégration de l'IA en entreprise, il est important de réfléchir en termes de *change management*, afin d'accompagner au mieux les transformations induites par cette nouvelle technologie. L'idée derrière ce concept est de préparer, soutenir et aider les individus, les équipes et les organisations à réaliser un changement organisationnel.

Les outils d'intelligence artificielle entraînent un bouleversement à tout niveau de l'entreprise. Et comme tout changement, il ne peut se faire sans l'approbation et le soutien de la direction, d'une part, et de l'ensemble des collaborateurs, d'autre part. L'humain est au cœur du projet.

Ambassadeurs et sensibilisation

La différence de niveau de compréhension et d'utilisation des outils d'intelligence artificielle est souvent grande en entreprise. Certaines personnes s'y sont intéressées très vite, tandis que d'autres ne les ont jamais essayés. Selon l'étude menée en France par Ifop-Talan[4], précédemment citée, seulement 18 % des personnes de 35 ans et plus en France utilisent les IA génératives, telles que ChatGPT ou Midjourney, de manière régulière. Si l'utilisation est en augmentation régulière, cela montre que ces outils sont loin d'être utilisés par tous en entreprise. On constate également dans l'étude que

4. « Les Français et les IA génératives », Sondage Ifop-Talan, 11 mai 2023, URL : talan.com/actualites/detail-actualites/news/sondage-ifop-talan-les-francais-et-les-ia-generatives

ce chiffre passe à 45 % d'utilisation des IA génératives pour les 18-24 ans. Le choc générationnel est évident, avec des différences de perception et de compréhension marquées.

Trouver et impliquer des ambassadeurs

Cela nous amène à la question de la recherche d'ambassadeurs internes pour soutenir le projet. Dès la phase initiale, vous devez trouver vos « championnes et champions » de l'IA pour les intégrer dans le projet. L'avantage est qu'ils pourront apporter leurs connaissances et défendre cette évolution en interne.

Ces personnes connaissent le contexte de votre entreprise. Ils ont déjà testé des outils IA et ont élaboré des prompts sur mesure pour leurs tâches, mais sûrement des prompts adaptés au contexte de votre entreprise. C'est une valeur inestimable pour vous, et permet de gagner un temps précieux lors de l'implémentation, car ils pourront partager leur expérience.

Le défi est maintenant d'identifier ses ambassadeurs potentiels. Rappelez-vous, selon l'étude Ifop-Talan, **68 % des travailleurs utilisant ChatGPT le cachent à leur hiérarchie.**

Dès lors, comment motiver les employés à partager leur utilisation ?

Comment motiver les ambassadeurs ?

Une communication transparente de la part de la direction aide énormément pour encourager les collaborateurs à se manifester. En mettant en place un climat de confiance et en expliquant les objectifs suivis par l'implémentation de l'IA dans les processus, vous pourrez rassurer tout le personnel.

Quand j'évoque en formation la question du gain de productivité, la question de l'impact sur les emplois ressort souvent. Les yeux se tournent alors vers la ou le responsable d'équipe. C'est une occasion en or pour expliquer les objectifs poursuivis avec l'IA, par exemple l'automatisation des tâches chronophages, la création de prompts optimisés pour l'entreprise, etc. Tous ces éléments montrent que vous souhaitez améliorer le quotidien des employés.

La communication claire du projet d'implémentation de l'IA auprès des équipes via les canaux internes est importante. Vous pouvez ainsi ajouter un formulaire d'inscription à un programme d'ambassadeurs IA et valoriser ces derniers.

Voici un exemple de champs que vous pouvez ajouter à un formulaire d'ambassadeurs IA (au-delà des classiques nom, prénom et e-mail) :

- Quel est votre département ?
- Quelle est votre fonction ?
- Seriez-vous d'accord pour participer à un groupe de travail pour implémenter ChatGPT dans notre entreprise ?

Une fois que la prise de contact est faite, vous pouvez discuter avec la personne pour voir quels types de tâches sont délégués à ChatGPT. Cela permettra de voir ce qui est possible de mettre en place pour l'ensemble de l'entreprise.

Conseil : prenez le temps de discuter de la manière dont ces personnes ont construit leurs prompts. Quels ont été leurs freins et leurs découvertes ? Ce sont des informations précieuses propres à votre entreprise.

En règle générale, ce sont des profils de gens curieux et ouverts à l'innovation. Il est ainsi important de réfléchir à une valorisation pour leurs efforts. Par exemple, un portrait dans le média interne ou une intervention lors d'un atelier pratique pour partager leur expérience.

Écouter les résistances internes

À l'opposé des ambassadeurs enthousiastes, il peut y avoir des résistances de la part d'employés à l'intégration de l'IA dans l'entreprise. Cette réaction est compréhensible par le changement engendré et les craintes bien réelles face à cette nouvelle technologie.

Lors de mes formations, j'entends souvent les craintes et plaintes suivantes :

- « Les résultats obtenus par l'IA sont décevants ! »
- « Je perds plus de temps à poser la question à ChatGPT qu'à l'écrire moi-même. »

- « Si mon cahier des charges n'est pas adapté, je n'ai aucun intérêt à m'intéresser à l'IA. »
- « Mes tâches sont trop complexes pour être déléguées à l'IA. »

Mettez en place des stratégies pour répondre à ces craintes, comme des formations individuelles ou des sessions de questions-réponses régulières. C'est une des clés pour une implémentation réussie.

Audit des besoins par métiers

Dans cette étape, l'enjeu est de cartographier les besoins pour chaque département et pour chacun des métiers. Si vous avez mis en place une acculturation et bien sensibilisé les équipes, c'est le moment parfait pour leur demander quels sont leurs besoins.

Pour réaliser cet audit des tâches à déléguer, l'idéal est donc de récolter les différentes actions potentiellement éligibles par métier en réalisant un formulaire permettant aux équipes de le remplir individuellement.

Tous ces éléments permettront de construire un plan d'action cohérent et répondant à des besoins concrets.

Phase 2 : sélection des outils IA

Implémenter correctement l'IA en entreprise découle d'un processus cohérent. Nous sommes parfois aveuglés par l'envie d'une intégration rapide. En oubliant par exemple de bien former les employés ou de penser aux implications d'un ajout d'une automatisation pour les différents logiciels de l'entreprise, sans oublier la sécurité des données.

Évaluation des modèles IA

Une fois que vous avez défini les domaines potentiels pour intégrer l'IA, l'étape suivante consiste à sélectionner les outils IA appropriés.

Différentes options s'offrent à vous en fonction de vos besoins et de votre budget.

Outils IA généraux : L'utilisation de modèles de base est le point de départ le plus logique. Il s'agit d'outils tels que ChatGPT, Google Bard ou Bing Chat par exemple.

Je vous conseille de mettre à disposition de votre équipe une bibliothèque de prompts où vous pourrez stocker et affiner les prompts utilisés dans l'ensemble de l'entreprise. Cela permettra de stocker les connaissances acquises par chacun et s'avérera très précieux.

Outils IA spécifiques : Ces outils sont conçus pour des tâches spécifiques. L'exemple le plus connu est Midjourney pour la création d'images. Cet outil est lié à un département en particulier, celui de la communication.

Réfléchissez au nombre d'outils dont vous aurez besoin par département. Mon conseil est d'éviter d'avoir un trop grand nombre d'outils IA distincts.

Chatbots personnalisés : La création de vos propres chatbots nécessite davantage d'expertise, mais peut s'avérer très utile dans une logique d'amélioration de la productivité globale de l'entreprise. Un très bon exemple est celui de NesGPT utilisé par Nestlé pour obtenir des réponses dans l'organisation plus facilement, notamment dans la recherche de documents internes.

Mener un projet pilote

Je vous conseille de mener un projet pilote afin de démontrer l'intérêt à vos collaborateurs et potentiellement à votre direction. Il peut s'agir de quelque chose d'aussi simple que l'implémentation de ChatGPT dans le processus de rédaction de contenus pour les réseaux sociaux au sein de votre équipe marketing.

L'idée est de démontrer tout le potentiel de l'IA dans votre entreprise. N'hésitez pas à solliciter vos ambassadeurs internes pour cette étape.

Phase 3 : déploiement

Une fois que la *roadmap* est mise en place, vous pouvez passer à la partie la plus intéressante, la mise en œuvre ! Le processus peut être divisé en deux phases principales : le déploiement en tant que tel, et le support continu.

La définition d'un calendrier de déploiement permet de s'assurer que toutes les parties prenantes sont alignées sur les délais et les attentes. La préparation des environnements de test et de production garantit que les systèmes sont prêts à accueillir les nouvelles solutions d'IA.

Déploiement et intégration des solutions IA

L'intégration technique commence par l'insertion des outils et solutions d'IA sélectionnés dans l'infrastructure existante de l'entreprise. Cette étape est cruciale pour assurer la compatibilité avec les systèmes et les processus existants, garantissant ainsi que les nouveaux outils fonctionnent harmonieusement avec les ressources actuelles.

Elle implique de configurer les outils et solutions selon les besoins et les objectifs spécifiques de l'entreprise. Cela peut nécessiter d'adapter les paramètres pour assurer l'alignement avec les exigences des différents métiers, garantissant ainsi que les outils sont configurés pour répondre aux besoins uniques de l'organisation.

Déploiement dans l'environnement de production

La mise en œuvre commence par le déploiement des outils et solutions d'IA dans l'environnement de production. Cette étape doit être surveillée de près pour identifier les problèmes qui peuvent survenir lors de la transition, permettant ainsi des ajustements rapides et efficaces si nécessaire.

Phase 4 : formation sur mesure

Je vous conseille de ne pas négliger la mise en place de formations sur mesure et la communication. Une formation bien planifiée et adaptée, combinée à une communication transparente et régulière, crée une base solide pour l'adoption et le succès de l'implémentation de ChatGPT.

Concrètement, la formation des équipes peut être abordée de plusieurs manières.

Formation technique sur ChatGPT et aux autres outils IA

La formation doit être alignée sur les besoins et les objectifs spécifiques identifiés lors de l'audit métier réalisé en amont. Cela garantit que la formation est pertinente et adaptée aux rôles et responsabilités de chaque équipe.

Il est également important d'inclure des sessions pratiques où les équipes peuvent interagir directement avec ChatGPT et d'autres outils d'IA. Cela permet une compréhension profonde et une compétence pratique.

Formations sur les nouveaux processus et flux de travail

La formation doit couvrir comment ChatGPT et d'autres outils d'IA s'intègrent dans les processus et flux de travail existants. Cela aide les équipes à comprendre comment utiliser efficacement ces outils dans leur travail quotidien.

La sensibilisation aux changements dans les processus et les flux de travail qui peuvent résulter de l'intégration de l'IA doivent impérativement être abordés. Cela prépare les équipes à s'adapter et à évoluer avec ces nouvelles méthodes.

Sessions de questions-réponses et de soutien

Mon conseil est d'organiser des sessions de questions-réponses où les équipes peuvent poser des questions directement aux experts ChatGPT. Cela permet une clarification et une compréhension plus profondes.

Vous pouvez également mettre en place un système de soutien où les équipes peuvent obtenir de l'aide et des clarifications même après la fin de la formation. Cela assure que les équipes se sentent soutenues dans leur transition vers l'utilisation de ces nouveaux outils.

La communication interne et externe

La communication joue également un rôle vital dans ce processus. En interne, un plan de communication solide doit être développé, comprenant des mises à jour régulières sur l'implémentation de ChatGPT.

Réfléchissez à vos canaux de communication afin de créer des occasions pour les employés de partager leurs retours d'information. Cela favorise une culture d'ouverture et de collaboration.

Un point à ne pas négliger : la communication externe est tout aussi importante. Informer les clients de l'implémentation de ChatGPT et de ses avantages, communiquer avec les partenaires et fournisseurs, et utiliser cette intégration comme un élément de différenciation dans la communication de marque contribue à une image positive et cohérente de l'entreprise.

Phase 5 : suivi et optimisation

Suivi régulier et ajustements

Le succès à long terme de l'intégration de solutions d'IA comme ChatGPT ne se mesure pas uniquement à la phase de mise en œuvre. Il nécessite un suivi régulier et des ajustements pour s'assurer que les solutions continuent de répondre aux besoins et aux objectifs de l'entreprise.

Je ne le dirai jamais assez : la communication ouverte et continue est la clé du succès à long terme. Les réunions régulières avec toutes les parties prenantes permettent un précieux retour d'informations.

Rapports de performance des KPI

La dernière étape, et non des moindres, et celle des rapports de performance de l'implémentation de ChatGPT ou de tout autre outil IA. Les KPI (les indicateurs de performance) seront bien évidemment adaptés à vos objectifs et à votre contexte d'entreprise.

Voici quelques pistes de KPI pour élaborer vos rapports de performance :

- **Satisfaction client :** taux de satisfaction client via des enquêtes post-interaction.
- **Temps de réalisation :** temps moyen de réalisation d'une tâche.
- **Taux d'erreur :** pourcentage d'interactions où ChatGPT a donné une réponse incorrecte ou inappropriée.
- **Taux d'utilisation :** les solutions proposées avec ChatGPT sont-elles vraiment utilisées ?
- **Conformité et sécurité :** taux de conformité avec les réglementations et les normes de sécurité.

L'objectif avec l'implémentation de ChatGPT est de gagner en productivité, ainsi la satisfaction client, le temps de réalisation, d'erreur, d'utilisation et la conformité aux normes de sécurité sont de bons indicateurs pour voir si le jeu en vaut la chandelle.

N'hésitez pas à en ajouter d'autres selon votre contexte et vos besoins précis.

Cas d'usage de l'IA en entreprise

Parmi les entreprises ayant adopté l'IA en un temps record, il y a deux exemples particulièrement parlants sur une bonne implémentation de cette technologie pour une raison simple à garder en tête : ces deux sociétés ont axé leur stratégie pour répondre à un besoin concret de leurs clients ou en interne. Cela fait toute la différence pour une intégration réussie.

Batmaid automatise son logiciel de paie en un temps record

Batmaid est une société active dans le ménage à domicile. C'est un peu l'Airbnb du ménage en Suisse ! L'un des succès notables de Batmaid avec ChatGPT[5] a été l'implémentation d'un nouveau système de paie automatisé. Au lieu de passer par des consultants externes, un collaborateur de Batmaid a utilisé l'API de ChatGPT pour lire et déchiffrer le manuel d'installation du nouveau logiciel, qui comptait plus de

5. « Batmaid a automatisé son système de paie en un temps record avec ChatGPT », Agefi.com, art. cit., URL : agefi.com/actualites/entreprises/batmaid-a-automatise-son-systeme-de-paie-en-un-temps-record-avec-chatgpt

300 pages. Le nouveau système a été installé en quelques mois au lieu d'un an.

ChatGPT a également été utilisé pour faciliter le travail des collaborateurs administratifs de Batmaid. Si les opérateurs ont une question spécifique sur une procédure, ils peuvent la poser directement dans un chat qui va rechercher instantanément la réponse.

Batmaid développe un système de traduction des instructions des clients pour les agents de ménage, basé sur l'outil d'IA d'OpenAI. Avec une clientèle et des agents provenant de plus de 100 pays différents, ce système vise à faciliter l'échange entre les clients et les agents de ménage, en leur permettant de converser dans leur langue maternelle.

AXA déploie Secure GPT pour ses 140 000 employés

AXA a marqué un joli coup en s'associant à Microsoft pour créer une solution interne[1] basée sur les technologies d'OpenAI.

Le projet, orchestré en un temps record de trois mois, voit naître la plateforme Axa Secure GPT. Et si le nom sonne un peu « jamesbondesque », ce n'est pas un hasard. Le défi est de taille : adopter à grande échelle l'IA générative au sein de toute l'entreprise pour gagner en productivité. La clé de

1. Raphaële Karayan, « Axa déploie sa plateforme d'IA générative en interne, basée sur les outils d'OpenAI », *L'Usine digitale*, juillet 2023, URL : usine-digitale.fr/article/axa-deploie-sa-plateforme-d-ia-generative-en-interne-basee-sur-les-outils-d-openai.N2156557

ce projet était de garantir la sécurité des données, un aspect crucial pour beaucoup d'entreprises, spécialement pour une société active dans les assurances.

Mais qu'offre réellement cette plateforme ? C'est un peu le couteau suisse du collaborateur d'AXA. Générer, résumer, traduire, corriger des textes, des images et même du code. Mille collaborateurs l'ont déjà testée, et le déploiement à l'ensemble du groupe est prévu d'ici fin 2023 pour les 140 000 employés du groupe. Une nouvelle fois, la clé sera de former convenablement les équipes et de s'assurer que cette implémentation soit pérenne.

Ce type d'exemple d'intégration pour un besoin interne est commun à beaucoup d'entreprises. Les données internes accumulées au fil des ans sont souvent un cauchemar à traiter et à utiliser convenablement. Cela est d'autant plus vrai quand les institutions sont construites en silo entre les départements. L'intégration des outils IA et de leur interface sous forme de chatbot apporte une valeur ajoutée considérable pour les entreprises.

PARTIE 7

200 PROMPTS CLASSÉS PAR MÉTIER

J'ai rassemblé ces prompts par métier selon dix catégories. L'idée est de vous donner des pistes par métier pour que vous puissiez gagner en productivité dans votre quotidien professionnel.

Je ne peux que vous conseiller de créer votre propre bibliothèque de prompts où vous gardez vos meilleures requêtes à ChatGPT. Dans un monde idéal, cette bibliothèque devrait être tenue au niveau de l'entreprise globalement.

Voici les dix catégories traitées :

- entrepreneuriat ;
- ventes ;
- RH ;
- marketing ;
- service client ;
- enseignement et formation ;
- développement web ;

- rédacteurs web ;
- community management ;
- gestion de projet.

Chacun de ces prompts donne une piste à creuser et à adapter à votre propre contexte.

Ces prompts ont été testés pour la version gratuite et pour la version payante de ChatGPT. Soyez toutefois conscient que vous obtiendrez souvent de meilleures réponses avec la version payante.

Entrepreneuriat

Validation d'idées

Génération d'idées de start-up

« Tu es un générateur d'idées, propose cinq idées uniques de start-up basées sur les tendances actuelles en technologie, durabilité et changement climatique. Pour chaque idée, fournis un bref résumé, le problème qu'elle résout, et son potentiel de marché. »

Analyse SWOT pour validation d'idée

« Réalise une analyse SWOT (forces, faiblesses, opportunités, menaces) pour notre idée de start-up qui se concentre sur la fourniture de solutions d'énergie renouvelable pour les maisons individuelles. Prends en compte le marché actuel, les compétiteurs et les tendances à venir. »

Recherche de marché pour validation d'idée

« Tu es un expert en recherche de marché, réalise une étude sur le marché des applications mobiles de fitness. Inclus des informations sur la taille du marché, la croissance, les principaux acteurs et leurs offres, ainsi que les tendances émergentes. »

Estimation de la demande pour un produit

« Tu es un spécialiste en études de marché, estime la demande potentielle pour une nouvelle application mobile qui permettrait aux utilisateurs de suivre leurs habitudes alimentaires, de planifier des repas et de recevoir des recommandations de recettes basées sur leurs préférences et objectifs de santé. Utilise des données existantes sur le marché des applications de santé et de fitness pour guider ton estimation. »

Création de persona pour une nouvelle idée de produit

« Tu es un spécialiste de la création de persona, crée trois persona client pour notre nouvelle plateforme de cours en ligne qui se concentre sur l'enseignement des compétences en programmation. Chaque persona devrait comprendre des détails comme l'âge, le niveau d'éducation, le niveau de compétence en programmation, les objectifs d'apprentissage et les défis potentiels. »

Planification d'entreprise

Rédaction d'un énoncé de mission

« Tu es un conseiller en création d'entreprise, aide-nous à formuler un énoncé de mission pour notre start-up de technologie durable. Notre objectif est de développer des solutions technologiques pour aider les entreprises à réduire leur empreinte carbone. »

Création d'un plan d'entreprise

« Tu es un expert en planification d'entreprise et aides à créer un plan d'affaires pour une start-up qui souhaite lancer une application mobile pour aider les individus à gérer leur santé mentale. Inclus une description de l'entreprise, une analyse de marché, une description du produit, une stratégie de marketing et de vente, une structure organisationnelle et des prévisions financières. »

Analyse des risques

« Tu es un spécialiste de l'analyse des risques, identifie et évalue les principaux risques associés au lancement d'une plateforme de commerce électronique dans le marché actuel. Inclus des risques tels que la concurrence, les changements technologiques, la réglementation et la sécurité des données. »

Stratégie de croissance

« Tu es un conseiller en stratégie de croissance, propose une stratégie pour aider notre entreprise de conseil en technologie de l'information à augmenter ses revenus de 20 % au cours de la prochaine année. Prends en compte les facteurs tels que l'acquisition de nouveaux clients, l'augmentation des ventes aux clients existants, l'introduction de nouveaux services, et l'expansion dans de nouveaux marchés. »

Planification financière

« Tu es un spécialiste de la planification financière, aide à préparer un plan financier pour notre start-up de technologie médicale. Inclus des estimations de revenus et de dépenses, des prévisions de flux de trésorerie, un point d'équilibre et des projections de rentabilité. »

Rédaction d'un pitch de levée de fonds

« Tu es un coach de levée de fonds et aides à préparer un pitch pour une start-up qui développe une solution d'intelligence artificielle pour améliorer la logistique dans le secteur de la santé. Inclus une introduction, le problème que nous résolvons, notre solution, le marché cible, notre modèle économique, notre traction actuelle et ce que nous ferons avec les fonds levés. »

Élaboration d'un plan de financement

« Tu es un conseiller financier, aide à élaborer un plan de financement pour notre start-up d'énergie renouvelable qui cherche à lever 2 millions d'euros pour financer son expansion. Présente les différentes options de financement disponibles, leurs avantages et inconvénients, et propose une stratégie de financement recommandée. »

Rédaction d'un résumé exécutif pour les investisseurs

« Tu es un expert en communication d'entreprise. Rédige un résumé exécutif convaincant pour notre entreprise d'édition numérique à l'intention des investisseurs potentiels. Il doit inclure notre mission, nos produits et services, notre marché cible, nos réalisations jusqu'à présent et notre plan pour l'avenir. »

Évaluation de l'entreprise

« Tu es un spécialiste en évaluation d'entreprise, donne une évaluation approximative de notre start-up en phase de pré-amorçage dans le domaine des biotechnologies. Prends en compte des facteurs tels que la taille du marché cible, la traction jusqu'à présent, l'équipe fondatrice et le potentiel de croissance. »

Négociation avec les investisseurs

« Tu es un conseiller en négociation. Formule une stratégie de négociation pour notre prochain tour de table d'investissement. Notre start-up en phase de croissance dans le domaine de la réalité augmentée vise à maximiser le capital levé tout en minimisant la dilution des actions des fondateurs. »

Planification stratégique

« Tu es un consultant en stratégie d'entreprise et aides à élaborer un plan stratégique pour notre start-up en phase de croissance qui est spécialisée dans l'IA pour l'éducation. Inclus l'établissement d'objectifs, l'analyse des forces, faiblesses, opportunités, menaces, la détermination des initiatives clés, et la définition des indicateurs de performance. »

Analyse de la concurrence

« Tu es un spécialiste du marché, mène une analyse de la concurrence pour notre start-up de cybersécurité. Identifie les principaux concurrents, leurs points forts et faibles, leurs produits et services, et donne des recommandations sur comment se différencier sur le marché. »

Planification financière

« Agis en tant qu'expert financier et élabore un plan financier pour notre start-up de e-commerce pour les deux prochaines années. Inclus des prévisions de revenus, de dépenses, et d'EBITDA, et identifie les principaux leviers de croissance et les risques. »

Optimisation des opérations

« Tu es un conseiller en optimisation des opérations. Propose des recommandations pour améliorer l'efficacité de notre processus de production dans notre start-up de produits alimentaires bio. Identifie les goulots d'étranglement, propose des solutions pour les résoudre et estime l'impact potentiel sur notre capacité de production. »

Gestion d'équipe

« Tu es un coach de leadership. Propose des stratégies pour améliorer l'engagement et la productivité de notre équipe dans notre start-up de développement logiciel. Prends en compte des aspects tels que la communication, la reconnaissance, la formation et le développement. »

Ventes

Prospection et acquisition de clients

Recherche de prospects

« Tu es un outil de recherche de prospects, génère une liste de prospects potentiels pour notre nouveau produit basé sur le profil du client idéal. Pour chaque prospect, inclus des informations pertinentes comme l'industrie, la taille de l'entreprise, le rôle du contact et la raison pour laquelle ils pourraient être intéressés par notre produit. »

Stratégie de prospection

« Tu es un conseiller en stratégie de prospection. Développe une stratégie de prospection qui utilise une combinaison d'appels à froid, de courriels, de réseautage et de médias sociaux pour atteindre nos prospects. Assure-toi d'inclure des scripts d'appels à froid et des modèles d'e-mails dans ta stratégie. »

Optimisation du taux de conversion

« Tu es un expert en optimisation du taux de conversion, analyse notre processus actuel de prospection et acquisition de clients. Identifie les points faibles où les prospects se perdent et propose des améliorations pour augmenter notre taux de conversion. »

Engagement des clients

« Tu es un spécialiste de l'engagement des clients, écris une série de messages de suivi pour reprendre contact avec les prospects qui n'ont pas répondu à nos premières tentatives de contact. Ces messages devraient être personnalisés, engageants et axés sur la valeur que notre produit peut apporter. »

Analyse du parcours client

« Tu es un analyste du parcours client. Cartographie le parcours des clients à partir du moment où ils entrent en contact avec notre marque pour la première fois jusqu'à ce qu'ils deviennent clients. Identifie les opportunités pour améliorer l'expérience client et accélérer le processus de vente. »

Négociation et clôture des ventes

Préparation à la négociation

« Tu es un spécialiste en négociation commerciale, aide-moi à me préparer pour une négociation de vente à venir avec un client potentiel. La négociation implique un contrat de trois ans pour nos services logiciels, et nous voulons maximiser la valeur tout en maintenant une relation à long terme avec le client. Énumère les principaux points à prendre en compte, les stratégies possibles et les réponses aux objections possibles du client. »

Scénario de clôture de vente

« Tu es un vendeur expérimenté, rédige un scénario de clôture de vente pour un client qui hésite entre notre produit et celui d'un concurrent. Le client est principalement préoccupé par le coût et l'efficacité de notre solution. »

Objection de vente

« Tu es un spécialiste de la vente, prépare une réponse détaillée à l'objection suivante d'un client : "J'aime votre produit, mais il est trop cher par rapport à ce que j'utilise actuellement." Comment pourrions-nous justifier la valeur de notre produit sans baisser le prix ? »

Techniques de persuasion

« Tu es un spécialiste de la vente, énumère cinq techniques de persuasion efficaces que nous pourrions utiliser lors de la négociation avec un client potentiel. Explique chaque technique et comment elle pourrait être appliquée dans le contexte de la vente de notre produit. »

Suivi après une présentation de vente

« Tu es un spécialiste des ventes, rédige un e-mail de suivi pour un client potentiel avec lequel nous avons eu une présentation de vente il y a une semaine. Le client s'est montré intéressé par notre produit, mais n'a pas encore pris de décision. L'e-mail devrait remercier le client pour son temps, rappeler les points forts de notre produit et inciter à l'action. »

Stratégie de vente

Évaluation du processus de vente

« Tu es un expert en vente, évalue notre processus de vente actuel du début à la fin. Identifie les lacunes, propose des améliorations et rédige un plan d'action détaillé pour l'amélioration. Ce plan doit comprendre les objectifs, les actions, les responsabilités, les délais et les indicateurs de réussite. »

Développement de la stratégie de vente

« Tu es un conseiller en vente stratégique. Utilise l'analyse SWOT pour concevoir une stratégie de vente adaptée à notre contexte. Cette stratégie devrait inclure des recommandations sur la segmentation du marché, le positionnement du produit, le parcours du client et le plan de communication. »

Optimisation de la proposition de valeur

« Tu es un spécialiste de la proposition de valeur, examine notre proposition de valeur actuelle. Suggère des façons de l'améliorer pour la rendre plus attrayante pour nos clients cibles. Inclus des éléments tels que les avantages uniques du produit, les différenciateurs de la concurrence et la justification du prix. »

Planification des ventes

« Tu es un expert en planification des ventes, conçois un plan de vente pour le prochain trimestre. Ce plan devrait inclure des prévisions de vente, des objectifs de vente, des stratégies pour atteindre ces objectifs et des mesures de performance. »

Analyse de la performance des ventes

« Prends le rôle d'un analyste des ventes. Fournis une analyse détaillée de nos performances de vente au cours des six derniers mois. Identifie les tendances, les défis, les opportunités et donne des recommandations pour améliorer la performance. »

Gestion de la relation client

Gestion des plaintes des clients

« Tu es un spécialiste du service à la clientèle, formule une réponse empathique et résolutive à un client qui a exprimé son insatisfaction en raison de multiples retards dans la livraison de son produit. Assure-toi d'aborder la situation avec soin, d'apporter une solution et de rétablir la confiance du client dans notre marque. »

Amélioration de l'expérience client

« Tu es un spécialiste de l'expérience client, analyse le parcours client actuel de notre entreprise (de la découverte à l'achat et au soutien après-vente) et propose trois améliorations significatives qui pourraient rendre l'expérience plus fluide et plus agréable pour nos clients. »

Rétention des clients

« Tu es un spécialiste de la rétention des clients, développe une stratégie détaillée pour augmenter la fidélité des clients. Cette stratégie devrait inclure des recommandations sur la manière de mesurer la satisfaction des clients, des suggestions pour des initiatives de fidélisation des clients et des conseils sur la manière de gérer les clients insatisfaits. »

Analyse de la satisfaction des clients

« Tu es un spécialiste de l'analyse des clients, élabore une enquête de satisfaction client qui aborde les principaux aspects de notre produit et de notre service. Assure-toi que l'enquête est concise, ciblée et conçue pour recueillir des informations exploitables. »

Étude de cas client

« Tu es un spécialiste du marketing de contenu, rédige une étude de cas client basée sur le succès d'un de nos clients utilisant notre produit. L'étude de cas doit comprendre un résumé du client, les défis auxquels il a été confronté, comment notre produit a aidé à surmonter ces défis, et les résultats obtenus. »

Ressources humaines

Recrutement et embauche

Création d'une annonce d'emploi

« Tu es un spécialiste du recrutement. Rédige une offre d'emploi pour un poste de développeur logiciel junior au sein de notre entreprise. Assure-toi d'inclure les responsabilités du poste, les compétences nécessaires et les avantages de travailler chez nous. »

Rédaction d'un courriel de suivi après une entrevue

« Tu es un chargé de recrutement, rédige un courriel de suivi à envoyer à un candidat après son entretien. Assure-toi d'exprimer notre intérêt tout en laissant la porte ouverte pour de futures communications. »

Analyse d'un CV

« Joue le rôle d'un recruteur et examine ce CV pour le poste de chef de projet. Évalue les qualifications, l'expérience et les compétences du candidat et donne un résumé détaillé. »

Simulation de questions d'entretien

« Tu es un responsable RH, prépare une série de 10 questions pour un entretien avec un candidat au poste de directeur marketing. Les questions devraient explorer à la fois les compétences techniques et les qualités personnelles. »

Rédaction d'une lettre de rejet

« Tu es un chargé de recrutement, rédige une lettre de rejet respectueuse et encourageante pour un candidat qui n'a pas été sélectionné après l'entretien. Assure-toi de lui donner des commentaires constructifs et de lui souhaiter bonne chance pour ses futures candidatures. »

Développement et formation du personnel

Création d'un plan de formation

« Tu es un responsable du développement du personnel, élabore un plan de formation annuel pour nos employés en marketing. Assure-toi d'inclure des formations techniques, des compétences en gestion de projet et des *soft skills*. »

Feedback de performance

« Tu es un manager. Rédige un feedback de performance pour un employé qui a excellé dans la gestion de projets, mais qui doit améliorer ses compétences de communication. »

Élaboration d'un parcours de carrière

« Tu es un conseiller en développement de carrière, conçois un parcours de carrière pour un employé débutant dans le service financier avec l'ambition de devenir directeur financier. »

Rédaction d'un courrier de formation

« Joue le rôle d'un responsable des RH et rédige un courriel d'invitation à une formation en gestion du temps pour l'ensemble de l'équipe de vente. »

Élaboration d'un guide d'intégration

« Tu es un spécialiste de l'intégration. Conçois un guide d'intégration pour les nouveaux employés qui couvre la culture de l'entreprise, les politiques internes, les attentes et le soutien disponible. »

Gestion des performances

Analyse de la performance

« Tu es un analyste RH. Évalue la performance d'un employé sur la base des commentaires de son supérieur, de ses collègues et de ses propres autoévaluations. Présente des zones d'amélioration et des recommandations pour une meilleure performance. »

Retour de performance

« Tu es un manager et prépare un retour de performance détaillé pour un employé qui a eu des difficultés à atteindre ses objectifs de vente, avec des suggestions constructives pour améliorer sa performance. »

Rédaction d'un plan d'amélioration de la performance

« Tu es un coach RH, rédige un plan d'amélioration de la performance pour un employé ayant des problèmes de productivité. Le plan devrait inclure des objectifs réalistes, des étapes pour atteindre ces objectifs et des méthodes pour suivre les progrès. »

Évaluation de la performance

« Tu es un évaluateur de performance, rédige une évaluation annuelle de la performance pour un employé qui a démontré d'excellentes compétences techniques, mais qui a besoin d'améliorer ses compétences en gestion d'équipe. »

Rédaction d'un plan de formation basé sur la performance

« Tu es un responsable du développement du personnel. Élabore un plan de formation personnalisé pour un employé dont l'évaluation de la performance a révélé un besoin d'amélioration en matière de compétences en communication. »

Relations avec les employés et engagement

Amélioration de l'engagement des employés

« Tu es un spécialiste de l'engagement des employés, suggère des initiatives à mettre en place pour augmenter l'engagement des employés. Inclus des activités de *team building*, des opportunités de développement personnel et professionnel, et des moyens d'améliorer la communication interne. »

Gestion des conflits

« Tu es un médiateur RH et propose une approche pour résoudre un conflit entre deux employés qui ont des désaccords persistants à propos des tâches du projet. Le scénario devrait refléter l'écoute active, la compréhension mutuelle et le compromis. »

Rédaction d'une lettre d'appréciation d'un employé

« Tu es un spécialiste des RH, rédige une lettre d'appréciation pour un employé qui a démontré un dévouement exceptionnel au cours d'un projet difficile. La lettre devrait reconnaître ses efforts spécifiques et souligner son impact positif sur l'équipe. »

Création d'une enquête de satisfaction des employés

« Tu es un analyste RH et crées un questionnaire de satisfaction des employés. Le questionnaire devrait aborder des aspects tels que l'environnement de travail, la reconnaissance, la charge de travail et l'équilibre travail-vie personnelle. »

Élaboration d'une politique d'équité en milieu de travail

« Tu es un spécialiste RH, propose une politique d'équité en milieu de travail qui promeut la diversité, l'inclusion et l'égalité des chances pour tous les employés. La politique devrait inclure des lignes directrices spécifiques et des mesures de responsabilité. »

Marketing

E-mail marketing

Création d'un plan de campagne d'e-mail marketing

« Tu es un spécialiste de l'e-mail marketing, propose un plan pour une campagne d'e-mail marketing visant à promouvoir notre nouvelle gamme de produits. Inclus des suggestions pour la fréquence d'envoi, le contenu de l'e-mail, le segment de clients ciblés et les mesures de succès. »

Rédaction d'un e-mail de bienvenue

« Tu es un rédacteur d'e-mail marketing. Rédige un e-mail de bienvenue engageant pour les nouveaux abonnés à notre newsletter. Assure-toi d'inclure une introduction à notre marque, une valeur ajoutée pour l'abonné et un appel à l'action pour encourager l'engagement. »

Élaboration d'un e-mail de relance pour les paniers abandonnés

« Tu es un expert en conversion, écris un e-mail de relance pour les clients qui ont abandonné leur panier sur notre site de e-commerce. Le ton doit être amical et aider à résoudre les problèmes potentiels qui ont conduit à l'abandon du panier. »

Analyse de la performance des campagnes d'e-mail marketing

« Tu es un analyste de données marketing. Fournis une analyse de la performance de notre dernière campagne d'e-mail marketing, incluant des mesures clés comme le taux d'ouverture, le taux de clics, le taux de conversion et suggère des améliorations basées sur ces données. »

Content marketing

Rédaction d'un e-mail de promotion spéciale

« Tu es un rédacteur d'e-mail marketing, rédige un e-mail promotionnel pour notre vente spéciale de fin de saison.

Assure-toi d'inclure les détails de la vente, un appel à l'action fort et un sens de l'urgence pour encourager les achats. »

Création de contenus de blog engageants

« Tu es un spécialiste en marketing de contenu, propose-moi un plan de contenu pour un blog sur le thème de la durabilité en entreprise. Assure-toi d'inclure une variété de formats de contenu, tels que des articles de blog, des infographies et des vidéos. Les sujets devraient être pertinents et intéressants pour les entrepreneurs et les responsables d'entreprise soucieux de l'environnement. »

Optimisation du contenu pour le SEO

« Tu es un expert en SEO, rédige un guide étape par étape pour optimiser un article de blog existant pour les moteurs de recherche. Inclus des conseils sur la recherche de mots-clés, l'optimisation des balises de titre et de description, l'utilisation de liens internes et externes, et le placement de mots-clés dans le texte. »

Rédaction de légendes engageantes pour les réseaux sociaux

« Tu es un expert en marketing de contenu, écris cinq légendes engageantes pour un post Instagram promouvant notre nouveau produit de soins de la peau écologique. Assure-toi que les légendes sont engageantes, pertinentes et incitent à l'action. »

Création de titres de blog attrayants

« Tu es un spécialiste en marketing de contenu, propose dix titres de blog accrocheurs pour des articles sur le thème de la productivité au travail. Les titres devraient être intrigants, précis et optimisés pour le SEO. »

Rédaction d'e-mails de marketing convaincants

« Tu es un expert en marketing par e-mail, rédige un e-mail de marketing persuasif pour promouvoir notre prochain webinaire sur le marketing numérique. L'e-mail devrait inclure une introduction accrocheuse, des détails sur ce que les participants apprendront, des informations sur l'orateur, et un appel à l'action clair pour s'inscrire au webinaire. »

SEO (référencement naturel) et SEM (référencement payant)

Rédaction de balises méta optimisées pour le SEO

« Tu es un spécialiste SEO, suggère des balises de titre et de description méta pour une page de produit de notre boutique en ligne vendant des baskets écologiques. Assure-toi d'inclure des mots-clés pertinents et de respecter les limites de caractères recommandées. »

Audit SEO d'un site web

« Tu es un consultant SEO. Effectue un audit rapide de notre site web d'entreprise et identifie trois domaines clés d'amélioration pour améliorer notre classement dans les moteurs de recherche. Inclus des suggestions d'action pour chacun. »

Création d'une campagne de liens sponsorisés (SEM)

« Tu es un expert SEM, décris un plan de campagne pour une série d'annonces payantes sur Google visant à promouvoir notre prochain webinaire sur le marketing numérique. Inclus une stratégie de ciblage, des suggestions de mots-clés, des idées pour des titres d'annonces et des descriptions, et des recommandations pour des pages de destination. »

Recherche de mots-clés pour un nouveau contenu

« Tu es un spécialiste SEO, propose une liste de 10 mots-clés à cibler pour un futur article de blog sur le thème du télétravail. Inclus une variété de mots-clés à longue traîne et de volume de recherche élevé, et explique pourquoi ces mots-clés seraient efficaces. »

Analyse de la performance SEO

« Tu es un analyste SEO, prépare un bref rapport sur la performance SEO de notre site web au cours du dernier mois. Inclus des informations sur les classements de mots-clés, le trafic organique, les taux de clics (CTR), et suggère des améliorations basées sur ces données. »

Réseaux sociaux

Création de calendrier de contenu pour les réseaux sociaux

« Tu es un spécialiste des médias sociaux, propose un calendrier de contenu pour notre compte Instagram pour le prochain mois. Inclus une variété de types de contenu (posts, *stories*, *reels*) et veille à aligner le contenu sur notre stratégie de marque. »

Rédaction de posts de médias sociaux engageants

« Tu es un rédacteur de médias sociaux. Rédige un post engageant pour notre compte Facebook pour promouvoir notre dernière gamme de produits de soins de la peau naturels. Assure-toi d'inclure un appel à l'action pour encourager les commentaires et le partage. »

Analyse des performances des médias sociaux

« Tu es un analyste de médias sociaux, réalise un rapport sur la performance de nos posts Instagram au cours des deux dernières semaines. Inclus des mesures clés comme l'engagement, la portée, les clics sur le lien de la bio et suggère des améliorations basées sur ces données. »

Gestion des commentaires et interactions sur les réseaux sociaux

« Tu es un community manager, propose une réponse à un commentaire négatif laissé sur notre dernier post Instagram.

Assure-toi d'adresser les préoccupations du client de manière empathique et professionnelle. »

Planification d'une campagne de publicité sur les réseaux sociaux

« Tu es un spécialiste de la publicité sur les réseaux sociaux, décris un plan pour une campagne publicitaire payante sur Facebook pour augmenter la notoriété de notre nouvelle application mobile. Inclus des recommandations pour le ciblage, le budget, les créations et les messages clés. »

Service client

Gestion des réclamations

Traitement des retours de produits

« Tu es un agent du service client. Un client souhaite retourner un produit qu'il a acheté en ligne, car il est défectueux. Rédige une réponse professionnelle et empathique, en fournissant les étapes à suivre pour le processus de retour. »

Gestion des remboursements

« Tu es un responsable des remboursements. Un client se plaint de ne pas avoir reçu son remboursement après avoir retourné un article il y a deux semaines. Propose une solution pour résoudre ce problème tout en rassurant le client sur la prise en charge de sa demande. »

Réponse à une réclamation concernant un service

« Tu es un représentant du service client. Un client exprime son mécontentement concernant un service qu'il a reçu dans l'un de nos magasins. Rédige une réponse qui reconnaît le problème, présente des excuses et propose une compensation ou une solution. »

Gestion des échanges de produits

« Tu es un agent du service après-vente. Un client souhaite échanger un produit qu'il a reçu en cadeau, car il ne correspond pas à sa taille. Guide-le à travers le processus d'échange tout en suggérant des produits alternatifs qui pourraient lui convenir. »

Traitement des plaintes récurrentes

« Tu es un manager du service client. Après avoir analysé les feedbacks, tu as remarqué une plainte récurrente concernant un aspect spécifique de l'un de nos produits. Rédige un plan d'action pour résoudre ce problème, en incluant des mesures correctives et des recommandations pour éviter de futurs incidents similaires. »

Réponse aux demandes des clients

Réponse à une question sur un produit

« Tu es un agent du service client. Un client te pose une question détaillée sur les caractéristiques et les avantages de notre nouveau produit. Rédige une réponse informative et concise, en mettant en avant les points clés du produit et en suggérant où il peut trouver des informations supplémentaires. »

Gestion d'une demande de suivi de commande

« Tu es un représentant du service client. Un client souhaite savoir où en est sa commande passée il y a une semaine. Rédige une réponse rassurante en fournissant les détails de suivi de sa commande et en indiquant le délai de livraison estimé. »

Réponse à une demande d'informations sur une promotion

« Tu es un agent du service client. Un client te demande des précisions sur une promotion en cours sur notre site web. Rédige une réponse claire en détaillant les conditions de la promotion, sa durée et comment en bénéficier. »

Gestion d'une demande de réservation

« Tu es un représentant du service client pour notre chaîne d'hôtels. Un client souhaite réserver une chambre pour une date spécifique et a des exigences particulières. Guide-le à travers le processus de réservation tout en prenant en compte ses demandes spécifiques. »

Réponse à une demande d'assistance technique

« Tu es un technicien du support client. Un client rencontre des problèmes avec l'un de nos appareils électroniques et cherche de l'aide pour le dépannage. Rédige une réponse étape par étape pour l'aider à résoudre le problème, en incluant des conseils de dépannage courants et en suggérant de contacter notre ligne d'assistance si le problème persiste. »

Formation des employés du service client

Création d'un programme de formation

« Tu es un formateur en service client. Conçois un programme de formation de deux jours pour les nouveaux agents, en mettant l'accent sur les compétences clés, les meilleures pratiques et les scénarios courants qu'ils rencontreront. »

Évaluation des compétences des agents

« Tu es un responsable de la formation. Rédige un questionnaire d'évaluation pour mesurer les compétences et les connaissances des agents actuels en matière de service client. Assure-toi d'inclure des questions sur les produits, les politiques de l'entreprise et la gestion des situations difficiles. »

Formation continue

« Tu es un spécialiste du développement professionnel. Propose un plan pour une formation continue trimestrielle destinée aux agents expérimentés, en mettant l'accent sur les mises à jour des produits, les nouvelles technologies et les techniques avancées de gestion des clients. »

Gestion des retours après formation

« Tu es un superviseur du service client. Rédige une procédure pour recueillir les feedbacks des agents après une session de formation, en incluant des questions sur l'efficacité du formateur, la pertinence du contenu et les domaines d'amélioration. »

Intégration des nouvelles technologies

« Tu es un formateur en technologie. Conçois un guide de formation pour familiariser les agents avec notre nouveau système de gestion de la relation client (CRM). Assure-toi d'inclure des tutoriels étape par étape, des astuces pour une utilisation efficace et des solutions aux problèmes courants. »

Mesure de la satisfaction client

Création d'un questionnaire de satisfaction

« Tu es un analyste de la satisfaction client. Conçois un questionnaire court pour évaluer la satisfaction des clients après un achat sur notre site web. Assure toi d'inclure des questions sur la qualité du produit, le processus d'achat et l'interaction avec le service client. »

Analyse des retours clients

« Tu es un spécialiste des études de marché. Rédige un rapport sur les feedbacks reçus des clients au cours du dernier trimestre, en identifiant les tendances majeures, les points forts et les domaines d'amélioration. »

Mise en place d'un système de notation

« Tu es un responsable du service client. Propose un système de notation pour permettre aux clients d'évaluer leurs interactions avec nos agents, en incluant des critères tels que la rapidité de réponse, la pertinence de l'information fournie et l'amabilité. »

Évaluation des retours après une réclamation

« Tu es un analyste de la satisfaction client. Crée un processus pour recueillir des feedbacks spécifiques des clients qui ont déposé une réclamation, afin de comprendre leur niveau de satisfaction concernant la résolution de leur problème. »

Mesure de la fidélité client

« Tu es un spécialiste du marketing. Rédige un plan pour mettre en place un système de mesure de la fidélité client, en utilisant des méthodes telles que le *Net Promoter Score* (NPS) ou le taux de rétention. »

Enseignement et formation

Préparation des cours

Planification d'un cours

« Tu es un professeur de littérature. Élabore un plan de cours détaillé pour des élèves de lycée axé sur le romantisme. Assure-toi d'y intégrer les objectifs d'apprentissage, une liste d'auteurs emblématiques, des extraits littéraires à étudier, des activités en classe et les ressources nécessaires comme les livres ou les vidéos. »

Intégration multimédia en histoire

« Tu es un expert en pédagogie. Suggère une méthode pour incorporer des éléments multimédias dans les cours d'Histoire destinés aux élèves de collège. Propose des exemples concrets d'outils ou de plateformes à utiliser, ainsi que des activités interactives pour renforcer l'apprentissage. »

Activité sur la probabilité

« Tu es un enseignant de mathématiques. Conçois une activité pratique pour enseigner le concept de probabilité à des élèves de collège. Imagine un scénario du quotidien, comme un jeu de dés ou de cartes, pour illustrer le concept et propose des exercices pratiques pour renforcer la compréhension. »

Intégration de la pensée critique

« Tu es un conseiller pédagogique. Élabore une stratégie pour intégrer la pensée critique et la résolution de problèmes dans les plans de cours de tous les niveaux scolaires. Propose des activités spécifiques, des études de cas et des méthodes d'évaluation pour mesurer la progression des élèves. »

Cours précis

« Tu es un professeur d'art. Crée un plan de cours détaillé pour des élèves de lycée centré sur l'expressionnisme. Intègre une chronologie des artistes clés, des analyses d'œuvres emblématiques, des activités pratiques comme la peinture ou le dessin, et des ressources comme des musées virtuels ou des documentaires. »

Évaluation des élèves

Évaluation des compétences en lecture

« Tu es un expert en éducation. Propose une méthode détaillée pour évaluer les compétences en lecture des élèves de primaire. Intègre des critères spécifiques tels que la compréhension, la fluidité et la prononciation. Propose également des exemples de tâches d'évaluation comme la lecture à haute voix, les QCM ou les résumés. »

Examen

« Tu es un enseignant de sciences. Conçois un examen complet pour une unité sur la biologie cellulaire destinée aux élèves de lycée. Intègre différents types de questions, des schémas à légender, des études de cas et des exercices pratiques pour évaluer la compréhension des élèves. »

Évaluation de la pensée critique

« Tu es un conseiller pédagogique. Suggère une stratégie détaillée pour évaluer les compétences en résolution de problèmes et en pensée critique des élèves de collège. Propose des études de cas, des débats ou des projets de groupe pour mesurer leur capacité à analyser, évaluer et créer des solutions. »

Test oral

« Tu es un enseignant de langues. Élabore un test oral détaillé pour évaluer les compétences conversationnelles en espagnol des élèves de lycée. Propose un scénario de conversation, des critères d'évaluation précis comme la prononciation, le vocabulaire ou la grammaire, et des exemples de questions ou de sujets à discuter. »

Évaluation du développement socio-émotionnel

« Tu es un psychologue scolaire. Propose une méthode détaillée pour évaluer le développement socio-émotionnel des élèves de primaire. Intègre des critères spécifiques comme l'empathie, la gestion des émotions ou la coopération. Propose également des méthodes pour collecter des informations, comme des entretiens, des observations ou des questionnaires. »

Formation continue pour les enseignants

Programme sur les méthodologies d'enseignement

« Tu es un responsable de la formation continue. Conçois un programme détaillé axé sur les nouvelles méthodologies d'enseignement pour les professeurs de collège. Assure-toi d'y intégrer les objectifs de la formation, les modules à couvrir, les activités prévues et le calendrier. »

Webinaire sur les outils numériques

« Tu es un expert en technologie éducative. Élabore un webinaire interactif sur l'utilisation efficace des outils numériques en classe. Propose une liste d'outils, des démonstrations en direct, des cas d'utilisation et des astuces pour une intégration réussie. »

Présentation sur la gestion de classe

« Tu es un formateur en développement professionnel. Prépare une présentation approfondie sur la gestion de classe, en y intégrant des techniques, des études de cas et des activités interactives pour les enseignants du primaire. »

Guide sur la pédagogie différenciée

« Tu es un coach en éducation. Rédige un guide complet sur la mise en œuvre de la pédagogie différenciée en classe. Assure-toi d'y intégrer des stratégies, des exemples concrets et des ressources pour les enseignants de lycée. »

Atelier sur l'apprentissage collaboratif

« Tu es un conseiller pédagogique. Conçois un atelier dynamique sur l'intégration de l'apprentissage collaboratif dans le curriculum. Propose des activités pratiques, des discussions de groupe et des ressources pour les enseignants de tous niveaux. »

Communication avec les parents

Lettre de bienvenue pour la nouvelle année

« Tu es un directeur d'école. Rédige une lettre chaleureuse de bienvenue pour la nouvelle année scolaire. Assure-toi d'y mentionner les objectifs pédagogiques, les événements à ne pas manquer et des conseils pour soutenir l'apprentissage de leur enfant. »

Courriel sur une sortie scolaire

« Tu es un enseignant du primaire. Rédige un courriel détaillé pour informer les parents d'une sortie scolaire imminente. Inclus les informations clés comme la date, le lieu, les activités prévues et les besoins spécifiques pour la sortie. »

Rapport de progrès détaillé en mathématiques

« Tu es un professeur de lycée. Élabore un rapport de progrès pour un élève ayant des difficultés en mathématiques. Assure-toi d'y détailler les problèmes rencontrés, les efforts de l'élève, les réussites et les étapes à suivre pour l'amélioration. »

Courriel sur les candidatures universitaires

« Tu es un conseiller d'orientation. Rédige un courriel informatif pour les parents des élèves de terminale, en y fournissant des détails sur le processus de candidature aux universités, les dates clés et les ressources utiles. »

Lettre sur le bien-être mental

« Tu es un psychologue scolaire. Élabore une lettre adressée aux parents soulignant l'importance du bien-être mental des élèves. Intègre des conseils pratiques, des signes à surveiller et des ressources pour soutenir le bien-être mental à la maison. »

Développement web

Langages de programmation

Exploration avancée de JavaScript

« Tu es un développeur JavaScript senior, explique comment implémenter les promesses en JavaScript, y compris un exemple de code. »

Astuces CSS avancées

« Tu es un développeur web senior, partage cinq astuces peu connues pour optimiser les feuilles de style CSS pour une meilleure performance. »

Utilisations avancées de Python

« Tu es un développeur Python senior, explique comment utiliser les décorateurs en Python avec un exemple de code. »

Optimisation de l'environnement de développement PHP

« Tu es un développeur PHP senior, donne des conseils sur l'optimisation de l'environnement de développement local pour PHP. »

HTML5 et API

« Tu es un spécialiste du développement web, explique comment utiliser les API HTML5, comme l'API de géolocalisation, avec un exemple de code. »

Traduction de code informatique

Traduction de JavaScript à Python

« Tu es un développeur senior, traduis le morceau de code JavaScript complexe suivant en Python. Explique les différences de syntaxe et de structure entre les deux langages. »

Traduction de PHP à Node.js

« Tu es un développeur senior, traduis le morceau de code PHP suivant en Node.js, explique les principales différences entre PHP et Node.js. »

Traduction de Python à Java

« Tu es un développeur senior, traduis le code Python donné en Java. Mets l'accent sur les différences de gestion de la mémoire entre les deux langages. »

Traduction de JavaScript à TypeScript

« Tu es un développeur senior, traduis le code JavaScript donné en TypeScript. Explique les avantages de l'utilisation de TypeScript. »

Traduction de Python à Rust

« Tu es un développeur senior, traduis le code Python donné en Rust. Discute des avantages en termes de performance de Rust par rapport à Python. »

Conception et UX

Critique de l'UX

« Tu es un développeur web senior avec une expertise en UX, examine ce site web (lien) et donne une analyse détaillée de son expérience utilisateur, en mettant l'accent sur ce qui fonctionne bien et ce qui pourrait être amélioré. »

Conception d'une interface utilisateur réactive

« Tu es un développeur web senior, explique les meilleures pratiques pour concevoir une interface utilisateur réactive pour une application web. Assure-toi d'inclure des considérations pour une variété de tailles d'écran et d'orientations. »

Intégration de l'UX dans le processus de développement

« Tu es un développeur web senior, propose une stratégie pour intégrer les principes UX dans le cycle de vie du développement de logiciels de notre équipe. »

Accessibilité web

« Tu es un développeur web senior, donne des recommandations sur comment rendre un site web plus accessible, en conformité avec les directives WCAG 2.1. »

Création d'un prototype

« Tu es un développeur web senior, décris le processus de création d'un prototype interactif pour une nouvelle fonctionnalité de notre site web. »

Sécurité web et conformité

Audit de sécurité

« Tu es un développeur web senior, examine le code de notre application web pour d'éventuelles vulnérabilités de sécurité. Donne une liste de suggestions pour améliorer la sécurité de l'application. »

Conformité RGPD

« Tu es un développeur web senior, propose des modifications pour notre site web afin qu'il soit en conformité avec le RGPD. »

Traitement des données sensibles

« Tu es un développeur web senior, explique comment notre application web devrait gérer les données sensibles des utilisateurs pour assurer leur sécurité et leur confidentialité. »

Contrôle d'accès

« Tu es un développeur web senior, suggère un mécanisme robuste de contrôle d'accès pour notre application web, en mettant l'accent sur la prévention des accès non autorisés. »

Prévention des attaques XSS

« Tu es un développeur web senior, donne des recommandations sur la prévention des attaques par script intersite (XSS) dans notre application web. »

Rédacteurs web

Création de contenu

Rédaction d'un article de blog

« Tu es un rédacteur web, rédige un article de blog de 500 mots sur l'importance du design UX dans le développement de logiciels. Assure-toi d'inclure des exemples concrets et des conseils pour les lecteurs. »

Création d'une étude de cas

« Tu es un rédacteur web spécialisé dans les technologies de l'information. Rédige une étude de cas sur la manière dont une entreprise a réussi à augmenter sa productivité grâce à l'adoption d'un nouvel outil de gestion de projet. »

Écriture d'un guide

« Tu es un rédacteur web, rédige un guide détaillé sur la manière de mettre en place une stratégie efficace de médias sociaux pour une petite entreprise. N'oublie pas d'inclure les différentes étapes, des conseils et des bonnes pratiques. »

Rédaction d'un livre blanc

« Tu es un rédacteur web expert en cybersécurité, rédige un livre blanc sur les dernières tendances en matière de sécurité des réseaux d'entreprise. Assure-toi d'inclure des informations sur les défis actuels et les solutions potentielles. »

Création d'un article de nouvelles

« Tu es un rédacteur web pour un site de nouvelles technologiques. Rédige un article de nouvelles sur le dernier produit de réalité augmentée d'Apple et son impact potentiel sur l'industrie. »

SEO

Optimisation des mots-clés

« Tu es un rédacteur web avec une expertise en SEO, suggère une liste de 10 mots-clés pertinents à cibler pour un site web spécialisé dans la vente de matériel de randonnée. »

Rédaction de métadescriptions

« Tu es un rédacteur SEO et rédiges une métadescription attrayante et optimisée pour SEO pour une page de produits d'une boutique en ligne de vêtements vintage. »

Création de titres *SEO-friendly*

« Tu es un rédacteur web, crée 5 exemples de titres optimisés pour le SEO pour un article de blog sur la rénovation écologique des maisons. »

Optimisation du contenu existant

« Tu es un spécialiste du SEO et suggères des modifications pour optimiser cet article de blog existant sur la méditation pour le rendre plus *SEO-friendly*. »

Balisage de contenu SEO

« Tu es un rédacteur web et expert SEO, décris comment baliser correctement un article de blog sur la nutrition pour l'optimisation SEO, y compris l'utilisation de balises H1, H2, l'attribut alt pour les images, etc. »

Rédaction de scripts

Rédaction d'un script de podcast

« Tu es un rédacteur web, rédige un script pour un épisode de podcast de 20 minutes qui explore l'impact de l'intelligence artificielle sur l'industrie de la santé. »

Création d'un script de vidéo YouTube

« Tu es un rédacteur de script et crées un script pour une vidéo YouTube de 10 minutes qui explique les bases du codage Python de manière simple et engageante. »

Écriture d'un script publicitaire

« Tu es un rédacteur de script, rédige un script pour une publicité radio de 30 secondes pour une nouvelle application de fitness qui utilise l'IA pour personnaliser les entraînements. »

Rédaction d'un script de webinaire

« Tu es un rédacteur web et rédiges un script pour un webinaire d'une heure sur les meilleures pratiques de SEO pour les petites entreprises. »

Création d'un script de vidéo explicative

« Tu es un rédacteur de script, crée un script pour une vidéo explicative de 5 minutes sur le fonctionnement de la blockchain. »

Révision et édition

Édition d'un article de blog

« Tu es un rédacteur web expérimenté, révise et édite cet article de blog sur le marketing digital pour le rendre plus engageant et optimisé pour le SEO. »

Correction d'erreurs de grammaire et de style

« Tu es un rédacteur web. Corrige les erreurs de grammaire, de ponctuation et de style dans cet extrait d'un livre blanc sur le big data. »

Amélioration de la lisibilité du contenu

« Tu es un rédacteur web, suggère des modifications pour améliorer la lisibilité et l'engagement de cet article de blog sur le développement personnel. »

Révision d'un script de podcast

« Tu es un éditeur. Révise ce script de podcast sur l'histoire du jazz pour le rendre plus fluide et engageant pour les auditeurs. »

Édition SEO

« Tu es un rédacteur web avec une expertise en SEO, révise et édite cet article de blog sur le yoga pour améliorer son optimisation pour le SEO. »

Community management

Stratégie de community management

Réaction d'un plan de community management

« Tu es un community manager, propose un plan de community management pour une nouvelle entreprise de technologie qui cherche à établir une présence en ligne forte. Inclus une analyse des publics cibles, des objectifs clairs, des stratégies de contenu et d'engagement, ainsi que des méthodes pour mesurer le succès. »

Établissement des objectifs de community management

« Tu es un community manager pour une marque de vêtements écoresponsable, définis trois objectifs principaux pour la communauté en ligne et explique comment ces objectifs soutiennent la mission globale de l'entreprise. »

Définition de la communauté cible

« Tu es un community manager pour une application de fitness, identifie et décris le profil de l'utilisateur idéal. Inclus des détails sur leurs intérêts, leurs défis, leurs habitudes en ligne et comment l'application peut les aider à atteindre leurs objectifs. »

Élaboration d'une stratégie d'engagement de la communauté

« Tu es un community manager pour une entreprise de jeux vidéo. Propose une stratégie pour augmenter l'engagement des membres de la communauté sur les plateformes de médias sociaux. Les initiatives peuvent inclure des événements en direct, des défis de jeux, des concours et des opportunités pour les membres de la communauté de partager leurs propres expériences. »

Évaluation de la performance de la communauté

« Tu es un community manager pour une marque de produits de beauté, propose des KPI pour mesurer l'efficacité de la stratégie de community management. Les KPI peuvent inclure des mesures de l'engagement, de la croissance de la communauté, et de la satisfaction des membres de la communauté. »

Création et curation de contenu

Élaboration d'un calendrier de contenu

« Tu es un community manager pour un restaurant local. Crée un calendrier de contenu pour un mois sur Instagram qui met en valeur les menus spéciaux, les événements à venir, les commentaires des clients et les coulisses de la préparation des repas. »

Curation de contenu

« Tu es un community manager pour une entreprise de logiciels de design, propose cinq sources externes de contenu de haute qualité qui seraient intéressantes pour la communauté. Explique pourquoi chaque source serait pertinente et comment tu présenterais le contenu. »

Création de contenu engageant

« Tu es un community manager pour une ONG environnementale, propose trois idées de publications sur les médias sociaux qui pourraient encourager l'engagement de la communauté. Les publications peuvent inclure des questions, des histoires inspirantes, des défis ou des opportunités de partage. »

Publication de promotion de produit

« Tu es un community manager pour une entreprise de vêtements de sport, rédige une publication sur les médias sociaux pour promouvoir une nouvelle ligne de vêtements de sport écoresponsables. Assure-toi de mettre en valeur les caractéristiques uniques du produit et l'engagement de l'entreprise envers la durabilité. »

Publication de réponse à la communauté

« Tu es un community manager pour une entreprise de produits technologiques, rédige une réponse à un membre de la communauté qui a partagé une critique constructive du produit sur les médias sociaux. Assure-toi de remercier l'utilisateur pour ses commentaires, d'aborder ses préoccupations et de souligner comment l'entreprise s'efforce d'améliorer ses produits. »

Gestion des médias sociaux

Élaboration d'une stratégie des médias sociaux

« Tu es un community manager pour une entreprise en démarrage dans le domaine de la santé numérique. Propose une stratégie de médias sociaux pour les trois prochains mois qui couvre les plateformes à utiliser, le type de contenu à publier, la fréquence de publication et les mesures pour évaluer le succès. »

Création d'un calendrier de publication

« Tu es un community manager pour un artiste musical émergent, crée un calendrier de publication pour un mois sur Twitter qui comprend la promotion des prochains concerts, des clips derrière les scènes, des interactions avec les fans et des teasers de nouvelles chansons. »

Analyse de la performance des médias sociaux

« Tu es un community manager pour une marque de café artisanal, évalue la performance des posts sur Instagram au cours du dernier mois. Identifie les posts qui ont le mieux performé, propose des explications pour leur succès et recommande des stratégies pour reproduire ces succès. »

Élaboration d'une campagne de médias sociaux

« Tu es un community manager pour une entreprise de logiciels de productivité, propose une idée pour une campagne de médias sociaux visant à promouvoir une nouvelle fonctionnalité du logiciel. Inclus des détails sur le message de la campagne, le type de contenu à créer, et comment tu envisages d'encourager l'engagement. »

Gestion des commentaires et réactions

« Tu es un community manager pour une marque de vêtements de luxe, rédige des réponses à trois types de commentaires que tu pourrais recevoir sur les médias sociaux : un commentaire positif sur un produit, une question sur les options de livraison et une plainte sur la qualité d'un produit. »

Gestion de crise

Élaboration d'un plan de gestion de crise

« Tu es un community manager pour une chaîne de restaurants, élabore un plan de gestion de crise en cas de critique négative virale sur la qualité de la nourriture. Inclus des directives sur la manière de répondre publiquement, d'engager le dialogue avec le critique, et de communiquer les mesures prises pour résoudre le problème. »

Communication de crise

« Tu es un community manager pour une application de fitness. Rédige un communiqué sur les médias sociaux répondant à une violation de données qui a affecté les utilisateurs. Assure-toi d'exprimer l'engagement de l'entreprise envers la sécurité des utilisateurs et de détailler les mesures prises en réponse à l'incident. »

Analyse d'une crise

« Tu es un community manager pour une entreprise de jouets, analyse une crise récente où un jouet a été rappelé pour raisons de sécurité. Identifie les actions de l'entreprise qui ont été bien reçues et celles qui ont été critiquées, et propose des améliorations pour la gestion future des crises. »

Communication interne en temps de crise

« Tu es un community manager pour une compagnie aérienne, rédige un e-mail à envoyer à l'équipe en réponse à une crise impliquant un retard massif de vols. L'e-mail devrait informer l'équipe de la situation, donner des directives sur comment communiquer avec les clients et encourager une attitude positive. »

Reprise après la crise

« Tu es un community manager pour une marque de cosmétiques après une crise liée à une allergie causée par l'un des produits. Propose un plan pour reconstruire la confiance de la communauté, incluant des types de contenu à publier, des initiatives pour démontrer l'engagement de l'entreprise envers la sécurité des produits, et des mesures pour recueillir et répondre aux préoccupations des clients. »

Gestion de projet

Planification de projet

Définition des objectifs du projet

« Tu es un chef de projet, définis les objectifs pour un projet de mise en œuvre d'un nouveau système CRM dans une entreprise de taille moyenne. Assure-toi d'inclure des objectifs SMART (spécifiques, mesurables, atteignables, réalistes, temporellement définis). »

Création d'un échéancier de projet

« Tu es un gestionnaire de projet et élabore un échéancier détaillé pour un projet de développement d'une application mobile, de l'idéation à la mise sur le marché. Prends en compte les différentes étapes du projet, comme la conception, le développement, les tests et le lancement. »

Identification des ressources nécessaires

« Tu es un responsable de projet, identifie les ressources nécessaires (humaines, matérielles et financières) pour la mise en place d'une campagne de marketing digital de six mois pour une start-up. »

Création d'un plan de projet

« Tu es un gestionnaire de projet et élabores un plan de projet détaillé pour une initiative de transformation numérique dans une entreprise manufacturière. Le plan devrait inclure des objectifs, des échéances, des ressources, des risques et des plans de contingence. »

Établissement des livrables du projet

« Tu es un chef de projet, définis les principaux livrables pour un projet d'amélioration du service client dans une entreprise de télécommunications. Les livrables devraient être clairs, mesurables et alignés sur les objectifs du projet. »

Gestion des risques du projet

Identification des risques du projet

« Tu es un gestionnaire de projet, identifie et évalue les risques pour un projet de migration de données vers le cloud pour une grande banque. Assure-toi d'expliquer l'impact potentiel de chaque risque. »

Élaboration d'un plan de contingence

« Tu es un chef de projet et développe un plan de contingence pour un projet de développement d'un nouveau logiciel, en prenant en compte les risques identifiés tels que les retards de livraison, les bugs majeurs et les dépassements de budget. »

Gestion des problèmes du projet

« Tu es un responsable de projet, propose une stratégie pour gérer un retard majeur dans la livraison d'un composant clé dans un projet de construction. Ton approche devrait viser à minimiser l'impact sur le projet dans son ensemble. »

Analyse des risques du projet

« Tu es un gestionnaire de projet et réalise une analyse des risques pour un projet de mise en œuvre d'un système ERP dans une entreprise multinationale. Assure-toi d'évaluer la probabilité et l'impact de chaque risque. »

Planification de la réponse aux risques du projet

« Tu es un chef de projet, élabore une stratégie de réponse pour un risque potentiel de pénurie de main-d'œuvre qualifiée pour un projet de rénovation d'un bâtiment historique. Ta réponse devrait viser à minimiser l'impact de ce risque sur le projet. »

Suivi et contrôle du projet

Suivi de l'avancement du projet

« Tu es un chef de projet, rédige un rapport de suivi pour un projet de développement d'un site web e-commerce. Le rapport devrait inclure le pourcentage d'achèvement, le respect des délais, l'utilisation des ressources et les problèmes rencontrés. »

Analyse des écarts de projet

« Tu es un responsable de projet et réalise une analyse d'écart pour un projet de déploiement d'une nouvelle technologie réseau dans une grande entreprise. Identifie les écarts entre les prévisions et les résultats réels en termes de temps, de coût et de qualité. »

Gestion des modifications du projet

« Tu es un chef de projet, propose une approche pour gérer une demande de modification majeure dans un projet de construction d'un nouvel immeuble de bureaux. La demande implique l'ajout de deux étages supplémentaires. »

Évaluation de la qualité du projet

« Tu es un gestionnaire de projet. Évalue la qualité d'un projet de développement d'une nouvelle application mobile. Utilise des mesures comme la satisfaction des utilisateurs, le nombre de bugs et le respect des spécifications. »

Contrôle des coûts du projet

« Tu es un chef de projet, propose une stratégie pour contrôler les coûts dans un projet de recherche et développement à long terme. Assure-toi de prendre en compte des aspects tels que la gestion des ressources, l'efficacité des processus et le contrôle des dépenses. »

Communication de projet

Création d'un plan de communication de projet

« Tu es un responsable de projet et élabores un plan de communication pour un projet d'expansion internationale d'une entreprise de vente au détail. Le plan devrait préciser les parties prenantes, les canaux de communication, la fréquence et le type d'information à communiquer. »

Communication des changements du projet

« Tu es un chef de projet, rédige une communication adressée aux parties prenantes expliquant un changement important dans la portée d'un projet de modernisation des systèmes IT. »

Communication des risques du projet

« Tu es un gestionnaire de projet et communiques un risque potentiel de dépassement de coût à la direction. Assure-toi de présenter le problème, son impact potentiel et ta stratégie pour le gérer. »

Présentation des progrès du projet

« Tu es un chef de projet, prépare une présentation pour le comité de direction sur l'avancement d'un projet de transformation numérique. Assure-toi d'inclure les réalisations, les défis et les prochaines étapes. »

Compte rendu de fin de projet

« Tu es un gestionnaire de projet et rédige un compte rendu de fin de projet pour une initiative de changement organisationnel. Le compte rendu devrait inclure les objectifs atteints, les leçons apprises et les recommandations pour les futurs projets. »

CONCLUSION

« Va-t-on vivre le moment Skynet ? » Cette question, on me l'a posée un nombre incalculable de fois. Et pour être honnête, je n'ai pas la réponse. Une chose est toutefois certaine, en l'état actuel, je vois bien plus d'opportunités que de menaces grâce à l'IA.

Tout au long de ce livre, j'ai essayé de vous donner envie d'aller plus loin avec ChatGPT. Si vous vous êtes dit, ne serait-ce qu'une fois, « Tiens, ça n'est pas bête, il faudra que je teste moi-même », alors j'aurais gagné mon pari avec cet ouvrage.

La courbe d'apprentissage avec les outils IA et ChatGPT est plus complexe qu'il n'y paraît au premier abord, et si vous persévérez et que vous avez cette curiosité qui vous permet de tester la meilleure manière de générer une réponse par l'IA, alors vous serez récompensé et obtiendrez de beaux résultats. Et cela, tant du point de vue de votre pratique professionnelle que de votre entreprise en général.

Je dois vous avouer que les conclusions ne sont pas mon fort, et même si la tentation de demander à ChatGPT de me la rédiger est forte, je vais terminer en vous remerciant d'avoir fait ce bout de chemin avec moi autour de l'IA. Nous vivons une époque pleine de belles possibilités, et libre à vous de les saisir.

Si vous souhaitez garder contact avec moi, je partage régulièrement des guides IA gratuits sur **outilia.fr** ainsi que dans ma newsletter. Vous pouvez également me retrouver sur Instagram, TikTok, X et LinkedIn avec mon pseudo @outil.ia.

Je vous passe désormais le témoin. Bon voyage avec l'IA.

À propos de l'auteur

Formateur avec plus de dix ans d'expérience, j'ai accompagné une trentaine d'entreprises dans leur intégration de l'IA. Avec plus de 13 000 lecteurs de ma newsletter chaque semaine, j'ai la chance de compter sur une communauté engagée sur outilia.fr.

Vous pouvez rejoindre mes 200 000 abonnés sur LinkedIn, Instagram et TikTok via @outil.ia.

À très vite !

Glossaire

La création d'un glossaire est toujours une tâche fastidieuse lors de la rédaction d'un livre. Dans mon cas, j'ai utilisé un petit prompt qui m'a bien aidé dans l'élaboration de ce glossaire. Je le partage avec vous :

```
Tu es un expert pour élaborer des glossaires de
livres.
Je souhaite que tu me prépares un glossaire com-
plet pour mon livre ChatGPT en entreprise.

Nous allons procéder étape par étape.

– Étape 1 : Demande les éléments à ajouter au glos-
            saire, ensuite, je te les indiquerai.
– Étape 2 : Cherche les définitions des éléments
            que tu ne connais pas avec le plugin
            WebPilot.
– Étape 3 : Classe les éléments par ordre alphabé-
            tique et indique, pour chaque élément,
            une définition en français, claire, pro-
            fessionnelle et sans fioritures.
```

J'ai évidemment effectué des corrections et ajouté ma touche personnelle, mais le fameux gain en productivité réside dans la délégation de ce type de tâches !

AIDA : Modèle de marketing décrivant les étapes qu'un client parcourt lors de l'achat d'un produit (attention, intérêt, désir, action).

API : Interface de programmation d'application. Permet à des applications de communiquer entre elles.

BERT (modèle de Google) : Modèle de traitement du langage naturel développé par Google pour améliorer la compréhension du contexte des mots dans une recherche.

Bing Chat : Chatbot alimenté par l'IA développé par Microsoft. Il a été optimisé pour fournir des résultats plus visuels pour certaines requêtes.

Chain of thought : Méthode ou processus de réflexion où une idée en entraîne une autre, souvent en lien logique ou thématique.

Chatbot : Programme informatique conçu pour simuler une conversation avec des utilisateurs humains, en particulier sur Internet.

ChatGPT : Modèle de langage développé par OpenAI conçu pour simuler des conversations humaines.

Google Bard : Outil de chatbot alimenté par l'IA conçu par Google pour simuler des conversations humaines.

GPT-3.5 : Version antérieure du modèle de langage GPT développée par OpenAI.

GPT-3.5 turbo : Version améliorée du GPT-3.5 offrant des performances optimisées.

GPT-4 : Version la plus récente du modèle de langage GPT, développée par OpenAI.

Hallucinations des modèles LLM : Phénomènes où les modèles de langage, comme GPT, génèrent des informations incorrectes ou inventées.

Intelligence artificielle (IA) : Simulation de l'intelligence humaine par des machines.

IA générative : Sous-domaine de l'IA où les algorithmes sont utilisés pour créer du contenu.

Large Langage Model (LLM) : Modèle d'IA entraîné sur de grands ensembles de données pour comprendre et générer du langage humain.

Make (automatisation) : Plateforme d'automatisation permettant de créer, construire et automatiser des *workflows* de manière visuelle.

Midjourney : Programme et service d'IA générative qui génère des images à partir de descriptions en langage naturel.

Notion : Application de productivité qui permet aux utilisateurs de créer des notes, des bases de données, des tâches, etc.

OpenAI : Organisation de recherche sur l'IA qui développe des modèles de langage comme GPT et ChatGPT.

Persona : Représentation fictive d'un utilisateur idéal basée sur des données réelles et des hypothèses.

Plugins ChatGPT : Extensions ou modules complémentaires pour le modèle ChatGPT, permettant d'ajouter des fonctionnalités ou des capacités supplémentaires.

Prompt : Question ou instruction donnée à un modèle de langage pour obtenir une réponse ou une sortie spécifique.

Prompt engineering : Technique d'optimisation des prompts pour obtenir des réponses plus précises ou spécifiques d'un modèle de langage.

RGPD : Règlement de l'Union européenne sur la protection des données personnelles.

SWOT : Outil d'analyse stratégique représentant les forces (*strengths*), faiblesses (*weaknesses*), opportunités (*opportunities*) et menaces (*threats*) d'une entreprise.

Tokens (en IA) : Unités de texte que les modèles de langage utilisent pour lire et générer du texte.

Zapier : Outil d'automatisation en ligne qui connecte différentes applications pour automatiser les *workflows*.

Index

Table des matières

pca
cmb
édition pré-presse
livres numériques

44400 Rezé

Achevé d'imprimer en septembre 2024
sur les presses de la Nouvelle Imprimerie Laballery
58500 Clamecy
Dépôt légal : novembre 2023
Numéro d'impression : 409382

Imprimé en France

La Nouvelle Imprimerie Laballery est titulaire de la marque Imprim'Vert®